時尚百年風華

Cally
Blackman

凱莉・布萊克曼 著

廖婉如 譯

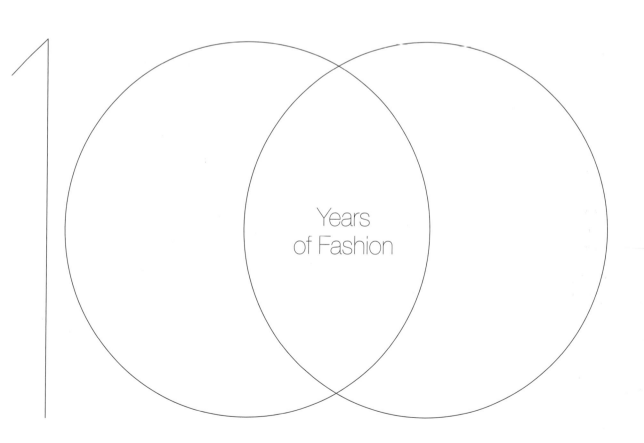

100
Years
of Fashion

100
Years of Fashion

時尚
百年風華

目次

1963 年，珍‧詩琳普頓 Jean Shrimpton 身穿馬克‧博昂 Marc Bohan 為迪奧設計的時裝。

引言

　　這本書呈現了過去一個世紀以來，時尚在理念上和真實世界裡的演變。在這段期間，時尚的生產達到前所未有的蓬勃，時尚的蔓延也是空前的快速，消費的型態更是起了巨大的轉變：從二十世紀之初少數菁英專屬的高級訂製服獨霸的局面，到今天無所不在的快時尚，不管是上大街去或用滑鼠點一下即可輕易購得。如今時裝秀時興透過網路串流直播；設計師的新作一發表，幾乎一夜之間大街上的連鎖服飾店便能跟風；街頭流行的前衛打扮被勢如狂風巨浪的數位媒體不斷擴散：平價的服裝讓人毫不手軟大量購買，然後又毫不吝惜地肆意汰換。時尚消費的轉變和過去一個世紀以來的社會鉅變息息相關：帝國和殖民統治的結束、政治意識形態引燃的革命、兩次世界大戰、經濟與環境的災難、各種藝術風潮、設計的創新與數位時代來臨；這些在在形塑了我們目前的生活方式，以及我們面對時尚的方式。

　　巴黎和倫敦的頂尖時裝屋、裁縫師和裁縫店百年來引領風騷的地位，在二十世紀早期一批鄙視布爾喬亞價值的前衛時尚先鋒的顛覆下開始動搖。到了 1940 年代，以次文化形式和年輕人風格為主的一波裁縫革命風起雲湧（繼更寬廣多元的音樂革命之後），其影響的力道在二十世紀後半更形龐大。這時期的美國製衣業，率先以高效率的生產流程製造，同時也將服裝尺寸標準化，這不僅促進了成衣市場的蓬勃發展，也讓新世界的本土設計師竄出頭來，時裝的產製不再奉歐洲舊世界為圭臬。二次大戰之後高級訂製服的復甦榮景僅僅維持了十年，到了 1960 年代，時裝設計師若不能回應充滿青春活力的時代精神，大抵只會倒店關門。訂製服產業為了保有一席之地，紛紛推出自有品牌的高級成衣、副牌，並開放授權經營的模式，設計師服飾不再高不可攀，但仍舊持續強調奢華和稀珍性，使得高端時尚和主流時尚之間存在著難以跨越的鴻溝。一個世紀以前，服飾所傳達的訊息很容易解讀，公爵大人的衣飾符碼與中產階級家庭主婦的顯然不同。而今名流成了新崛起的貴族，服裝的符碼變得比較隱晦：我們的穿著不再直接表徵階級、地位或職業，而是反映個人財富、抱負與名望。時尚就如同我們所處的社會，也許更多變，但不見得更平等。

　　時尚經常被鄙為膚淺的事物，大抵是因為它須臾無常的本質。把它看成「製衣業」也許可以得到較正面的評價，因為它如今是全球產值達百萬兆的產業，養活全球各地投入這產業的數十萬人力，為的是滿足人們喜新厭舊、不斷在增長的慾望，以及在後現代時代裡表達自我的需求。我們都臣服於時尚：就如王爾德在《格雷的畫像》一書裡帶著他慣常的嘲諷口吻說的：「只有淺薄的人才不以貌取人。」

1901–1959

1901-1959

1907 年，維爾福特小姐 Mlle Wilford 身穿由杜塞時裝屋製作的日禮服。

摘錄自《時尚》Les Modes 雜誌｜圖中這一襲四月穿的日禮服配上了皮草披肩和羽飾帽子，是由杜塞時裝屋出品。杜塞是巴黎最古老的高級時裝訂製屋，其設計以細緻嬌柔的新藝術美學聞名，因為無法適應講求簡潔流暢的現代風格，最終在 1932 年歇業。

二十世紀初，巴黎高級時裝屋稱霸時裝業，其中最著名的，就屬英國人查爾斯·弗雷德里克·沃斯（Charles Frederick Worth，1825-1895）於十九世紀中期所創立的時裝屋，客源來自上流社會，包括皇室、貴族、富家女、「社交名媛」和當時時尚界的名流。

負擔不起沃斯時裝屋高昂費用的人，只好投向其他的高級時裝屋，譬如杜塞（Doucet）、道維萊特（Doeuillet）、拉斐里荷（Laferrière）、珍妮·帕昆（Jeanne Paquin）或卡洛姐妹（the Callot Soeurs）。在聖彼得堡和倫敦有特約的裁縫師來縫製宮廷禮服和傳統禮服，而倫敦的服飾公司譬如「雷德芬」（Redfern）和「克利德」（Creed），兩家在巴黎都有分號，它們不僅以做工精細的裁製服聞名，在女性禮服上也占有重要地位。

當時美國社會裡的顯貴，那些名列亞斯特夫人「四百會員」（這數目字是她在紐約的宴會廳能夠容納的賓客人數）的上流社會人士，頻繁地穿越大西洋到歐陸購買服飾，這些人包括：亞斯特家族（Astors）、古柏·惠特家族（Cooper Hewitts）、摩根家族（Morgans）、波特·帕爾默家族（Potter Palmers）和范德比爾特家族（Vanderbilts），其中被稱為「美金公主」的富家女，不但是高級訂製時裝屋背後的大金主，她們也帶著雄厚資金下嫁家道中落的歐洲貴族，以便換取頭銜與地位。

嫁妝一概是為年輕新娘張羅的，其中令人驚人咋舌的一大筆金額花在訂製禮服，有時都是成打成打地訂製，以便應付繁忙的社交生活需要：一天當中不同的時間，正式程度的不同，都需要相應的禮服。從早到晚——晨起、騎馬、午後休憩、出訪、家庭聚會、晚餐、夜間、舞會、節慶盛會、聆聽歌劇、觀賞戲劇以及拜會宮廷——所有的場合都需要得體的裝束，最起碼也要有三、四套來更換。服喪則需要一系列黑色服裝。這些華麗的服飾綴有大量刺繡、珠串、稀罕蕾絲和薄紗，配飾著皮草，極盡豪奢之能事。S 形的束身馬甲將胸部往上托得高聳，也將臀部往後提得圓翹；衣領會內嵌金屬絲使之高挺，胸口會覆著如浮沫浪花的蕾絲和雪紡綢，歷久不衰的闊邊帽綴有花朵和羽飾，有時甚至是一整隻鳥，這些再再是為了打造出一種莊重外觀，最好宛若一尊雕像那般典雅。

上流社會的生活是按時令更迭推移的。初夏時節，繁忙的一輪社交活動登場了：從名媛千金的成年禮、進宮晉見皇族權貴——這些金碧輝煌的場合需要穿上最正式的禮服，佩戴閃閃發亮的全副首飾——到阿斯科特（Ascot）、香堤伊（Chantilly）和考斯（Cowes）的賽

馬會。一場場賽馬活動之間穿插著無數的接待會、晚宴和舞會。賽季
結束後，他們轉往位於諸如比亞里茨（Biarritz）或杜維爾（Deauville）
之類的時髦度假勝地的別墅避暑，或者坐上豪華遊艇出海，在蘇格蘭
的莊園打獵，或在長島的私邸夜夜笙歌，之後再回到「城裡」參加秋天
上場的另一輪社交活動。晚禮服多是以天鵝絨、緞子或絲綢為面料，
裸露肩膀與胳膊，胳膊則要再裹上小山羊皮長手套，如此露出頸肩的
設計，是為了充分展現華貴璀璨的首飾。日禮服多是訂製的套裝或精
美的長袍，佩戴著過多的配飾，其中也包括闊邊帽和陽傘。樣式較簡
單的夏日連身裙或短衫和裙子，多用棉、細麻和亞麻布料製成，也都
裝點著蘇格蘭刺繡或蕾絲。這些數量龐大的衣服包括了來自多家巴黎
時裝屋的穿搭精選，其中幾家在紐約和倫敦有分店，而訂製服的版型
也會授權給製造商和裁縫師使用。配件和貼身內衣則是從專賣店或
是更高檔的百貨公司購買。

　　有一些女人選擇特立獨行，喜歡「藝術性」的穿著打扮，跳脫主
流時尚。這些「波希米亞族」打入了前衛的圈子，她們在倫敦的利寶
百貨（Liberty）或歐米茄工坊（the Omega），威尼斯的佛坦尼商行
（Fortuny），或維也納工坊（Wiener Werkstätte）購衣，其中維也納
工坊是維也納的藝術家和設計師聯手經營的工作室，力圖服飾的革
新，其規模雖小，但影響力不容小覷。有些女性藝術家志在把藝術和
時尚結合起來，譬如畫家索妮雅‧德洛內（Sonia Delaunay），有些則
把新的意識形態表現在時裝設計，譬如俄國建構主義者麗尤波芙‧波
波娃（Liubov Popova）和瓦瓦拉‧史蒂潘諾娃（Vavara Stepanova）。
這些女性是二十世紀初的二十年間藝術實驗熱潮的標竿人物，當時
「新主義」風潮席捲歐洲：巴黎有野獸派和立體派，奧地利有分離派，
德國有表現主義，義大利有未來主義以及在俄國的建構主義；隨之而
來有超現實主義和現代主義。畫家、詩人、音樂家、作家和建築師居住
在被稱為「波西米亞」的神祕基地（不管在現實裡是以英國的布魯姆
斯伯里〔Bloomsbury〕、法國蒙馬特〔Montmarte〕還是德國施瓦賓
格〔Schwabing〕為據點），在那些地方，穿著被視為一種符碼，象徵
著掙脫布爾喬亞束縛、掙脫肉體束縛的自由，更重要的是，它也象徵
著把藝術和設計的所有側面——包括服飾在內——整合在一起並帶
入日常生活中的一種企圖：即所謂「總體劇場」（Gesamtkunstwerk）
的概念，意指集各種藝術之大成。1909 年迪亞吉列夫（Diaghilev）帶
領俄羅斯芭蕾舞團在巴黎的首演造成轟動之後，他們具革命性的音
樂、舞台設計和舞者戲服，更進一步對當代文化注入一股劇烈的影響，

約 1929 年，愛瑪‧史密斯 Alma Smith 在做人工日光浴｜醫生和科學家提倡日光浴有益健康。音樂劇裡的俏女僕愛瑪‧史密斯，站在太陽燈下接受每天所需的紫外線照射。

當然也在時尚界掀起一陣狂瀾。

在巴黎，1903 年已開設時裝沙龍的保羅‧波烈（Paul Poiret，1879-1944），率先在他的作品裡迎戰這股東方熱，他簡化了服飾的輪廓，不再著重繁複的結構堆砌，改用鮮明的配色，並在衣料表面飾以精美刺繡。他早期的設計帶有法國大革命後督政時期服裝的痕跡，邁入 1910 年代後，其設計轉向了東方民族服飾的剪裁及裝飾風格，例如從日本和服發想，綴有波斯飾紋，帶有中國風情的大袍式寬鬆女外套，或者，下擺鑲有金屬絲的束腰薄紗罩衫，綴有皮草滾邊或金流蘇，下身配的是土耳其燈籠褲。英國出生的露西爾（Lucile）（也就是達芙‧高登夫人〔Lady Duff Gordon〕，1863-1935）也是一位成功的設計師，她設計的那些精美雅緻的「情感之袍」，每一件都貼切地取了個煽情的名稱，例如「不滿之唇的嘆息」，展現雕像般的高雅優美，雖不如波烈設計的服裝那麼大膽，但也深受藝術思潮的影響。

從十九世紀七〇年代中以來，女性已經可以進入某些大學就讀，也在積極爭取投票權，雖然要到一次大戰後，英國婦女才爭取到普選權。自行車和公共運輸工具的出現，使得大眾可以獨自旅行；更大量而多元的工作機會湧現，也有更多的女性進入職場，雖然對大多數女性來說，家庭僕傭和工廠勞役是僅有的選擇。女性的生活型態快速改變，一次大戰的爆發加速了這個進程。有些女人奔赴前線擔任戰地醫師、護士、司機或充當後勤部隊；留在家鄉的婦女替補了工廠、運輸工具和農地裡男性的空缺。這些工作當中，不少的勞動需要女人穿上傳統上只有男人才穿的裝束：實用的馬褲、寬鬆長褲或連身工作褲。

1914 至 1918 年的戰爭幾乎沒讓高級時裝業慢下腳步：很多巴黎設計師依舊繼續推出新系列，儘管橫越大西洋的危險阻礙了國外買家前來，也限縮了報紙的時尚版面和出口至北美的貨品，北美的百貨公司嗅到商機趁虛而入，開始大力推捧本土設計師。然而法國時裝的魅力無法擋，縱使沉寂好一段時間仍舊難掩光彩，戰爭結束後，巴黎輕鬆奪回了時尚之都的龍頭地位。戰爭期間在服裝上採行的一些必要變更，也回復到戰前的原樣——在很多年裡女人還是很難接受褲裝，直到二次大戰結束才有少數大膽先進的女人穿褲裝。真正有所改變的是社會本身，舊社會的階層體系因為戰亂革命、政治動盪和經濟蕭條開始崩解，豪門富賈僱用大量家傭扈從的年代已經一去不返。

戰前的新女性喜愛打扮成「裝飾藝術年代」風格的亞馬遜女戰士，或獨立自主的摩登女郎（flapper），她們剪鮑伯短髮，喝雞尾酒，很可能有嗑藥，肯定會在公共場所抽菸，常常上時髦舞廳、夜總會或波西

1931 年，克拉拉·鮑在電影《無極限》*No Limit*裡的造型｜克拉拉·鮑於 1927 年主演的電影《魅力》*It*，讓她成了「魅力女郎」（It Girl）的鼻祖。圖中她身穿閃閃發亮的銀織錦禮服，很可能是崔維斯·班頓（1925-1938 年間派拉蒙製片廠的首席服裝設計師）設計的，渾身散發著性感魅力，令影迷為之傾倒。

米亞風格小酒館徹夜跳舞狂歡。當然，絕大多數的女性過的不是這種生活；摩登女郎的存在，其實比較是大眾所迷戀的一種懷舊的臆想，雖然媒體也總愛特別關注「年輕亮麗的小妮子」的醜聞，讓人確信有這樣的女子存在。1920 年代興起雌雄莫辨的野女孩風格，不再突顯胸腺和腰線，並露出了雙腿，衣裙輪廓簡化為短直筒造型，時興戴上包頭式的鐘形帽。束胸馬甲並沒有完全被摒棄，而是把女體塑成男孩子般的平板身形；鬆緊帶和拉鍊（在 1924 年取得專利）等新布材的研發，使得束身胸衣不再那麼笨重，而合成纖維譬如嫘縈，也讓褲襪和貼身內衣褲沒那麼昂貴，而且樣式更誘人。到了 1920 年代末，裙下襬的設計忽長忽短；手帕裙或高低不一的裙襬漸流行，顯示時尚從摩登女郎風格，轉向 1930 年代崇尚的嫵媚婀娜，女裝的輪廓又比較有女人味，力求展露身材曲線。

隨著旅遊和交通工具的快速進步，婦女熱衷道路或飆速軌道上的速度快感，女飛行員更是成了摩登機械年代的先鋒。起初這些女戰士穿著類似男人穿的保護裝束：皮夾克、連身褲、頭盔和護目鏡，或者依照她們所從事的運動——譬如網球、滑雪和高爾夫——修改日常服裝。隨著體育運動的盛行，運動專用服飾成了某些時裝屋的長項，尚·巴度（Jean Patou，1880-1936）和艾爾莎·夏帕瑞麗（Elsa Schiaparelli）時裝屋便是其中之二。針織布料滿足了運動服必需具備的伸縮性，泳衣也從連著襯褲的寬鬆浴衣，改良成有流線感的貼身泳衣，極盡展露由新興的運動熱和飲食規則練就出來的古銅色胴體和曼妙身材，運動員般的健美身材成了摩登的表現。

兩次大戰之間在巴黎時裝界叱吒風雲的四位女設計師是珍·浪凡（Jeanne Lanvin）、瑪德琳·薇歐奈（Madeleine Vionnet）、可可·香奈兒（Coco Chanel）以及艾爾莎·夏帕瑞麗。

珍·浪凡（1867-1946）的設計以嬌柔浪漫的「特色禮服」（robes de style）最著名，這是從十八、十九世紀的裙撐汲取靈感，以塔夫綢製的晚禮服。浪凡精心鑽研傳統及民族服飾，對於織品布料也相當在行，她的美學理念和鮮明風格透露著深厚的文化底蘊。縱使她的設計風格背離時代潮流，她的時裝事業依舊屹立不搖，足證她功力深厚，非常懂得女人在衣著上的渴望。

提到瑪德琳·薇歐奈（1876-1975），總會讓人想到斜裁，也就是沿著布料對角線的方向而非直線紋理剪裁。她不是斜裁的先驅，但是她用垂掛、收攏和扭轉柔軟布料的方式把斜裁手法發揮至極致，突顯身體曲線，就像她從希臘瓶飾所研究的古典服裝樣式。她創新的裁製

約 1935 年，晚禮服｜好萊塢透過影星魅力吸引女性觀眾。電影公司製作有如時裝秀一般的新聞短片，以特寫手法呈現時裝界的動態，讓大眾從中窺見富豪、名流和時尚人士的生活。這襲鑲金亮片的晚禮服展現了好萊塢式的威力。

方式摒棄了縫線和釦袢，如此做出來的衣服看起來簡約，卻隱含相當繁複精心的設計。

可可‧香奈兒（1883-1971）是將現代精神注入女性時裝的重要人物，這現代精神不僅體現在她的生活中，也呈現在作品裡。她從運動裝和男裝汲取靈感，設計出用平紋針織布料製的、易於穿著的單品。其個人風格的最佳寫照，是在假日裡穿褲裝，把人造珠寶和真珠寶混搭在一起，並標榜肌膚曬成古銅色才是時髦。香奈兒 5 號在 1921 年推出時，她是首位以自己的名字為香水命名的設計師，而她在 1926 年推出的「黑色小洋裝」，則把黑色從服喪的表徵提升為永遠不會出錯的優雅。香奈兒招牌的斜紋軟呢套裝和雙色鞋，讓人一眼可辨識，被譽為二十世紀時尚大師的經典之作，至今仍由卡爾‧拉格斐持續演繹著，在每一季推陳出新。

艾爾莎‧夏帕瑞麗（1890-1973）以小規模的針織衣設計起家，於 1928 年在巴黎創立她的時裝屋，服裝風格著重趣味與實用兼顧，她推出的運動裝也深受廣大客群喜愛，其中不乏好萊塢電影明星。她以線條俐落、裁縫精良、綴有刺繡和珠片的套裝而聲名大噪，其花樣設計充滿幻想與機巧風趣，例如棒棒糖形狀的釦子和造型幽默的帶扣。夏帕瑞麗一向極富實驗精神，在她與超現實主義結盟，和標竿人物達利以及尚‧考克多（Jean Cocteau）合作之後，更是大大顛覆當時時尚界的保守，成功地把時尚和藝術結合起來。儘管時裝和藝術兩者之間存在著固有的隔閡，也就是說，時裝終究是以功能性為主，直到今天，這項使命仍舊由後起之秀持續進行著。

到了 1930 年代初，時裝的形廓轉向突顯身形的窈窕修長，肩部加寬，頭部造型簡潔，流行略有波浪的短髮。縫製的套裝和印花時裝的腰線落回自然的位置，裙襬呈喇叭狀外擴。晚禮服多是貼身的綢緞禮服，以裸背的設計締造驚豔效果，通常會披上奢華的狐狸皮草，或開襟短上衣（bolero jackets）。這種精緻裝扮的最佳縮影就在好萊塢明星身上，她們每次在螢光幕、電影雜誌裡或一般媒體現身，全身上下的裝束行頭，無不被無數的狂熱粉絲模仿。這是電影的「黃金年代」，兩次大戰之間最盛行的娛樂，週週吸引著大批觀眾進戲院。明星依附著各種刻板形象走紅，譬如克拉拉‧鮑（Clara Bow）的摩登女和希妲‧芭拉（Theda Bara）的妖姬形象，到瑪琳‧黛德麗的蛇蠍美人和葛麗泰‧嘉寶飾演的性感女間諜瑪塔‧哈利（Mata Hari）。各大製片廠聘用專屬的駐場服裝設計師，派拉蒙片廠有崔維斯‧班頓（Travis Banton）和艾迪絲‧海德（Edith Head），米高梅片場有吉爾伯特‧

呂西安‧勒隆為 1945-46 年的「時尚劇院」
***Théâtre de la Mode* 特展設計的時裝** | 勒隆設計的這款圓點雪紡夏洋裝,有著輕柔的大翻領,繫在腰間的大蝴蝶結突顯了纖細的腰身和渾圓的臀身曲線,這種種細節無不顯示,在 1947 年颳起「新風貌」旋風之前,女裝的輪廓正在改變。

阿德里安(Gilbert Adrian);海德和阿德里安後來還各自創立了服裝品牌。

在兩次大戰之間,電影是時尚的一大推手。百貨公司增設櫃位來推銷仿製的電影戲服,好萊塢宣稱,在女性的流行服裝上,他們的影響力超越巴黎時裝屋,而後者卻反而驚覺,自身對好萊塢的影響力微乎其微。香奈兒和夏帕瑞麗也都曾受委託為電影設計服裝,但她們卻沒有理解到戲服必須不受時間影響,等到電影上映,演員的服裝看起來已經過時。好萊塢的服裝設計師確實左右時尚,阿德里安為電影《林頓姑娘》(Letty Lynton)設計的裙裝(見 144 頁)紅極一時就是一例,然而好萊塢最持久的影響力,其實是在彩妝方面。每個女人只要模仿明星偶像的妝容和髮型,都可以只花相對少的錢,就讓自己和心目中偶像的外表有幾分神似。因為人人可以在自己身上演繹明星風采,就這一點來說,電影把時尚帝國民主化了。

1939 年,全世界再度陷入戰爭,很多婦女的穿著打扮又開始趨於一致;在大後方的人民應當克行儉約,將物資再生利用,並懂得「修修補補將就使用」。1941 年起,英國和法國根據 L-85 節儉條例實施衣料的定量配給,美國在 1942 年跟進。定量配給限制了民眾購買布料的量,也限制了可用布料的質地和種類。1941 年英國率先實行的「實用方案」(The Utility Scheme),對包含服裝在內的很多物品產製訂出了嚴格的規定。倫敦時尚設計師協會(The Incorporated Society of London Fashion Designers)於 1942 年創立,就是要負責設計各式各樣符合定量配給的嚴格限制又不失時髦有型的實用服裝(Utility Clothing)。法國在納粹入侵佔領後,從 1940 年起物資短缺的情況迅速加劇,服裝的黑市交易變得猖獗。有些物品不受定量配給的限制,帽子就是其一,因此特別是在巴黎,帽子成了展現個性的管道;在義大利,物資短缺倒是鼓勵了鞋款設計的創新。戰爭時期民眾別無選擇只能順應政策,但仍然想方設法讓自己的外觀保有一點時尚感。

多虧法國製衣公會主席,時裝界掌門人也是設計師的呂西安‧勒隆(Lucien Lelong),在他努力奔走下,成功阻止了希特勒打算把高級時裝業移往德國的計畫,巴黎的時裝業得以倖存,戰爭期間仍有百餘家時裝屋繼續開張營業。一些非法國裔的設計師例如曼波徹(Mainbocher)返回家鄉,艾爾莎‧夏普瑞麗也避走美國,而可可‧香奈兒則在戰爭期間關閉了時裝店,住進巴黎麗池飯店,戰後流亡瑞士十年之久。香奈兒在 1954 年以七十歲高齡重返巴黎,持續把她的招牌風格推向極致。她其實寶刀未老,只不過迪奧在 1947 年推出的「新

風貌」系列已經在巴黎時裝掀起旋風。

　　被《哈潑》雜誌主編卡梅爾・史諾（Carmel Snow）譽為「新風貌」的系列作品，重現女人的柔美曲線，也重新用上了製作高級訂製服的繁複費工技法。迪奧的設計奢侈地揮霍布料，震驚了生活在定量配給制度下多年的人們。他在裙下塞臀墊，讓裙裝重回十九世紀玲瓏有緻的沙漏式輪廓，也被視為一種倒退，然而，大多數女人按耐已久的時尚渴望，終於在迪奧這擺脫素樸實用、回歸女性柔美的設計上獲得抒發，迪奧風格迅速蔚為潮流。接下來的十年，可說是「時裝的黃金年代」，各路買家、雜誌主編和客戶熱烈追捧巴黎時裝師：其中迪奧、巴倫西亞加（Balenciaga）、雅克・法斯（Jacques Fath）、帕門（Balmain）和紀梵希（Hubert de Givenchy）最受青睞。時裝設計師開始為自己的設計樣式申請專利，來對付較低端的製衣廠——雖然他們通常還是徹頭徹尾抄襲，令時裝屋極為光火，於是為了杜絕抄襲之風，時裝屋開始對新品發表會進行滴水不漏的嚴格把關。高級時裝主宰著大街上的潮流，而主流製衣廠只能在每一季時裝秀之後盲從地仿製新品，以較為平易近人的價格銷售給大多數女性。

　　義大利在戰後迅速復甦，很快在時尚界建立了聲譽，這是因為以羅馬的辛奈西塔製片廠（Cinecittà studios）為發源地的義大利電影工業蓬勃發展，螢光幕上不管是本土或國際明星都起了宣傳效果。從 1951 年起，新品系列時裝秀開始在佛羅倫斯舉辦，後來陸續移往羅馬舉行，因此羅馬成了義大利高級訂製服的中心。倫敦則一直在傳統的精緻裁製服和瀟灑的鄉居休閒服保有美譽。隨著時令更迭而登場的一輪輪社交活動仍為倫敦設計師帶來重大的收入，也使得諸如諾曼・哈特奈爾（Norman Hartnell）和哈迪・雅曼（Hardy Amies）等為英國皇家設計浪漫晚禮服和整套服飾的御用設計師聲名響亮。

　　在二十世紀後半葉，時代氛圍起了變化，高級時裝界裡的霸權受到威脅。因為戰火的緣故無法出席巴黎時裝秀的美國買家，開始力捧美國本土新銳。美國媒體甚至明白宣告，巴黎稱霸的年代已告終。曼波徹和查爾斯・詹姆斯（Charles James）前後從巴黎回到紐約發展，在紐約受到大師級的禮遇。然而，在這段期間裡，最終把紐約推上與巴黎分庭抗禮的時尚之都地位的，是一群成衣設計師，其中又以諾曼・諾瑞爾（Norman Norell）、哈蒂・卡內基（Hattie Carnegie）和克萊兒・麥卡德爾（Claire

McCardell）為代表人物，紐約時尚從此不再唯巴黎馬首是瞻，而是獨樹一格，為兼顧工作與家庭的當代女性提供俐落又優雅的時裝：「美式風貌」於焉誕生。

「青少年」也是美國的社會學家率先提出的概念，他們被視為一個獨特的群體，享有自身的權利，喜歡仿效同儕的穿著，不願意打扮得和父母親一樣。美國戰後嬰兒潮一代在金錢上擁有餘裕，可以花在衣著和消費品上（戰後的歐洲經濟復甦的時間較長，所以這種型態的消費較少）：美式風格經由反映青少年苦悶的熱門電影，譬如詹姆斯·狄恩和娜塔莉·伍德主演的《養子不教誰之過》（1955），以及走紅的偶像歌手譬如班尼·古德曼、法蘭克·辛納屈、貓王艾維斯·普里斯萊和巴迪·霍利等，在全世界強力放送。美式的青少年次文化風格，像是短襪少女（Bobby-Soxers），激發了歐陸青少年的活力：搖擺狂潮（the Swing Kids）、現代派（the Modernists）、忤抗族（Zazous）、叛逆女（Teddy Girls）和披頭族（Beatniks），這些次文化現象最後開始影響主流時尚，席捲 1960 年代的「青春風暴」（youthquake），第一道波浪已經展現力道。

上流社會

我年輕時代的巴黎還沒有汽車……

和平街最時髦的購物街，鼎鼎大名的裁縫師——

沃斯、杜塞、胡夫（Rouff）——

字印在僅容一人進出的小小店門上，店面並不起眼，

但店裡頭排列展示的迷人服飾、

華貴的皮草和半透明的貼身衣褲，美得令人屏息。

摘錄自《金碧輝煌》*The Glitter and the Gold*，1952 年出版

康絲薇洛‧范德比爾特‧巴爾森——著

1902 年，康絲薇洛，馬爾博羅公爵夫人
史上最出名的「美金公主」康絲薇洛‧范
德比爾特，在她短暫的第一段婚姻裡成
為第九任馬爾博羅公爵夫人，圖中她穿
著緋紅絲絨的禮袍出席愛德華七世的加
冕大典。她頭戴的小冠冕、長袍上鑲滾
大量的白貂皮以及曳地的長長裙裾彰顯
了她的尊貴地位。為了應付在西敏寺大教
堂度過漫長的一天，她在口袋裡塞滿了
巧克力。

1902 年，亞歷山德拉女皇后｜新科皇后愛德華七世之妻身穿加冕禮袍。產自印度的金絲薄綢裙裝罩著綴滿巴黎風格亮飾片和刺繡的網紗；繡有皇室徽章的紫絲絨斗篷銜接在肩部繡有珍珠的金蕾絲襞襟下方。價值連城的珠寶以花綵裝飾她的胸前和頸項，其中包括當高領來穿戴的五列鑽石，這般的頸飾風格後來蔚為潮流，其實她是為了遮掩一個小小的疤。

1914 年，俄國沙皇皇后亞歷山德拉‧費奧多羅芙娜｜沙皇尼古拉二世的妻子，身穿整套俄國宮廷服。這套有著濃密刺繡、連著垂袖的長禮服呈現了十九世紀風格，扇子、手套和從羅曼諾夫王朝卡柯史尼克風格的珍珠王冠垂下的蕾絲面紗都是必要的配件。

約 1900 年，娜傑日達‧拉瑪諾娃 Nade-jda Lamanova 設計的晚禮服｜來自末代沙皇皇后衣櫃的這襲晚禮服，由帝俄宮廷御用設計師娜傑日達‧拉瑪諾娃所設計，她在緞質的內裙外罩上綴有亮飾片和銀線刺繡的白紗、雪紡紗、浮花錦緞和蕾絲。1917 年俄國革命之後，娜傑日達‧拉瑪諾娃繼續設計服飾，並協助蘇維埃政府設立莫斯科高等藝術暨技術學院。

1902 年,「雷德芬」時裝屋設計的正式晚禮服,摘錄自《時尚》雜誌封面 | 出席英國宮廷舉行的盛大典禮穿的禮服,曾刊登在法國高檔時尚雜誌《時尚》封面。這件禮服應該在夜晚舉行的最正式宮廷場合裡出現過。

1903 年,瑪莉·柯曾夫人畫像 Lady Mary Curzon 由威廉·羅格斯戴爾 William Logsdail 所繪 | 畫中仕女是美國出生的英轄印度總督夫人瑪莉·柯曾,於 1903 年代表亞歷山德拉皇后盛裝出席在德里舉辦的第二次加冕大典接見會。她身穿由沃斯設計的這襲禮服出席國家舞會,禮服以金線織品裁製,並以印度繡工刺繡上孔雀翎毛圖案,每個翎眼都嵌釘著一顆祖母綠,這些祖母綠在新裝設的電力燈光照明下閃爍光芒。

約 1912 年,瑪麗女王 | 圖中可見瑪麗女王在劍橋和德里舉行的加冕大典接見會上佩戴的全套珠寶首飾,祖母綠和鑽石鑲嵌的皇冠、短項鍊、墜子和前胸及上腹的寶飾,均由享有「皇冠珠寶商」the Crown Jewellers 之譽的傑拉德珠寶商 Garrard 所製作,1911 年她以女王之尊出席在印度舉行的加冕大典接見會時也佩戴著這整套珠寶。瑪麗女王左臂佩戴嘉德之星 Garter Star,也就是嘉德勳章。這頂皇冠後來被改造過,目前仍屬於英國現任女王的私人財產,已故的威爾斯王妃黛安娜和康沃爾公爵夫人也都佩戴過。

LES MODES

1902 年，由瑪姬·胡夫 Maggy Rouff 設計的宴會裝 gala dress，刊登在《時尚》雜誌封面
在較不正式的宮廷場合或社交場合，衣裝打扮不須要那麼隆重。圖中這襲由裁縫師瑪姬·胡夫設計的長袍雖然坦胸露背，但裙裾的長度相對收斂。

約1905 年，李夫人和她的姐妹｜拖曳著長裙裾的正式晚禮服是出席宮廷場合的必要穿著，凡是嚮往著躋身倫敦上流社會的女人也都要備有這類服飾。圖中這一對來自美國豪門的摩爾姐妹（露絲成為費勒姆的李夫人，她很可能是帶著妹妹參加社交活動見世面），兩人照規定在頭上插三根鴕鳥羽毛——威爾斯公主標誌。

1922 年，日本島津公主 | 各國顯貴出席歐洲宮廷場合也要入境隨俗：袍服的樣式可以依照當時的流行趨勢而變換，但是曳地的裙裾、羽飾、扇子和手套都得要備齊才合乎禮數。時髦攝影棚譬如拉法葉攝影棚會在清晨安排拍攝時段，以便記錄貴人們盛裝出席的模樣。鴕鳥羽扇取代了早期的捧花。巴黎時裝屋，成為世上最懂得穿衣之道的女人之一。

1931 年，華莉絲‧辛普森 | 未來的溫莎公爵夫人，完美呈現出純淨無瑕的風格，儘管她全身上下的行頭都是借來的。幾年後，她成為威爾斯王子的情婦，開始光顧巴黎時裝屋，成為世上最懂得穿衣之道的女人之一。

1910 年，黑色阿斯科特賽馬會 | 1910 年
六月，皇室貴族仍為在五月過世的愛德華
七世舉哀服喪，因此他們出席該季的重
要活動之一也是穿著喪服。這場「黑色賽
馬會」變得無人不曉，塞西爾·比頓 Cecil
Beaton 為電影《窈窕淑女》(1964 年上
映) 裡有名的賽馬場景所設計的服飾，就
是從黑色賽馬會得到靈感。

1925 年，科陶德 Courtauld 喪服黑紗的廣告 | 沉黑色的皺紗（法文為 crêpe）被用來製作正式喪服在當時已有數十年之久，它也是科陶德家族的主業。著喪服的狂熱在十九世紀達到誇張的地步——大多拜維多利亞女王所賜——但是在一次大戰後，以及更悲慘的 1918 年西班牙型流行性感冒大爆發之後，喪服漸漸退流行。

LE CRÊPE COMME ARTICLE DE MODE & DE BEAUTÉ

EN raison de la vogue dont jouit cet article essentiellement anglais, nous prions tous ceux pour qui la beauté du noir et la perfection du fini sont les premières qualités recherchées, d'exiger le véritable "MYOSOTIS" fabriqué par COURTAULD, et de refuser toute imitation.

Cet article se fait à présent dans un grand assortiment de qualités et de différents prix.

(Marque  déposée)

SES APPRÊTS INTACHABLES A L'EAU.

FOURNIS PAR TOUTES LES PRINCIPALES MAISONS DE GROS

POUR TOUS RENSEIGNEMENTS, VEUILLEZ VOUS ADRESSER :

SAMUEL COURTAULD & Company Limited,
PARIS — 4 -:- Rue de la Bourse -:- 4 — PARIS
R.-C. Seine 163.105

1923 年，伊莉莎白‧鮑斯‧萊昂小姐 | 嫁給約克公爵——未來的喬治六世——的伊莉莎白小姐，結婚這天她身穿一襲象牙白雪紋綢製、綴有銀片和珍珠的簡約婚紗，是由宮廷裡最受歡迎的裁縫師韓德利–西摩夫人 Handley-Seymour 所縫製。披在婚紗外的貂皮斗篷是國王送的禮，無價的古董蕾絲面紗和皇冠是瑪麗王后的傳家寶。

1923 年，「麗仕」肥皂片的廣告，摘錄自《女王》雜誌 | 皇家婚禮在各種媒體掀起了一股熱潮：這一則在當時刊出的廣告描繪了即將步入禮堂的時髦新娘。約克公爵和公爵夫人的婚禮是英國首次開放攝影的皇家大典，婚禮短片在當晚便剪輯完成。

Her Bridal Veil and Trousseau

WITH her own dainty hands a bride can keep her veil and all the beautiful things of her trousseau in an ideal state of cleanliness and preservation if she will use Lux throughout the happy years that are to be.

Lux will not harm a silken thread, and the bridal veil, so wondrously and exquisitely made, can be washed without the slightest injury if Lux is used. Lux coaxes rather than forces the dirt from dainty fabrics.

Packets (two sizes) may be obtained everywhere.

約 1900 年，著裝照｜層層疊疊的衣裙，在穿戴時若沒有侍女幫忙恐怕不容易。很多女性進入家庭雇傭這嚴明的階層結構裡服侍女主人穿衣打扮，一做就是一輩子，因此，貼身侍女總享有特殊待遇。

1907 年，薇荷特絲姐妹 Vertus Soeurs 內衣廣告｜二十世紀初的理想身材是成熟豐滿的。塑出「希臘式」或「S 曲線」的束身馬甲把胸脯托得高聳，將臀部提得翹挺，腰部則盡可能束得越細越好。

L'ART ET LA MODE
8, Rue Halévy, 8

XXII. — Nº 22.

Toilette en mousseline de soie peinte de guirlandes de roses et de fleurs bleues soulignées d'un fil d'argent et incrustée de nœuds de velours ciel et de grandes pointes de dentelle. Léger feuillage alternant avec des petits plis au haut de la jupe. Chemisette de Valenciennes ornée d'un étroit ruban de velours ciel.

BRODERIES ET PASSEMENTERIES DE LA MAISON COIQUIL ET GAY, 17, RUE MONSIGNY.

約 1900 年，沃斯出品的下午茶袍服｜下午茶袍服，通常是用柔和的淡色系雪紡紗和薄紗蕾絲堆疊出來、穿起來相對舒適的居家服，可以在下午接待訪客時穿著，直到晚上再換成正式晚禮服。圖中這襲由沃斯時裝屋設計的下午茶袍服，是把以蹦圈刺繡的雪紡紗覆在緞質底袍外。

1901 年，夏裙裝，由巴黎的 Coiquil et Gay 時裝屋裁製，露西所繪，摘錄自《藝術與時尚》L'Art et la Mode 雜誌｜巴黎風格的細緻優雅，在這襲以絲綢和蕾絲裁製，畫上藍色和粉紅花朵及緞帶的夏裙裝上表露無遺。短袖襯衣 chemisette ——或者說底襯衣 underblouse ——的高領部分，很有可能加了金屬絲，所以可以立起來。

1904 年，巴席小姐身穿雷德芬時裝屋設計的訂製服，摘錄自《時尚》雜誌封面｜訂製服是名媛貴族衣櫃裡的必備品，她們從事大多數日間活動時都穿訂製服。圖中模特兒展示的是英國知名的雷德芬公司出品的服裝，從圖中可看出，為了展現被緊身褡雕塑出來的時髦身形輪廓，合身剪裁與縫製的技術更為精湛了。

LES MODES

N° 44　　　　PARIS — LONDRES — BERLIN — NEW-YORK　　　　Août 1904

Photo Reutlinger.

Mlle BRÉSIL
COSTUME TAILLEUR PAR REDFERN

1910 年，瓏驤 Longchamp 賽馬會，巴黎 | 在巴黎近郊的瓏驤舉行的賽馬會，跟阿斯科特賽馬會一樣，是季節性重大社交活動，也是展示最新流行時尚的場所。到了 1910 年，裙裝的長度已經縮短，曳地的裙裾消失了，但卻流行起將腿部裹纏，因而只得碎步行走的裙裝設計，圖中左側女士的裙裝便是一例，一旁則是更為實穿的訂製服。

約 1910 年，由詹姆斯・強森 James Johnson 設計的帽子 | 寬大的闊邊帽以花卉、羽毛而且通常會用上一整隻天堂鳥來裝飾，如圖所示，儘管在十九世紀，如此費工的帽子用途有限。在整個維多利亞時期和愛德華時期，動物製品被廣泛用在飾物和珠寶設計上，當時甚至興起一股把譬如螢火蟲、金龜子或迷你水龜等可以用一條鍊帶繫在身上的活生生寵物當飾物的熱潮。

SALON D'ESSAYAGE

約 1912 年，鋼琴家若曼·席尼澤 Germaine Schnitzel｜奧地利概念鋼琴家身穿一襲至少用了四隻北極白狐毛皮製成的皮草披肩和暖手筒。產自北美、加拿大、俄羅斯和東歐的皮草大量被消耗。

1911 年，某皮草沙龍的試衣間｜這張圖畫顯示了在巴黎的一間沙龍裡，名媛淑女們試穿著各式各樣的皮草款式，包括白貂皮、黑狐皮以及很可能是紫貂皮的皮草（繼白貂皮之後最華貴的一種皮草）。

1911 年，康絲薇洛・范德比爾特｜在拍攝這張照片時，這位美國繼承人已經和馬爾博羅公爵離異，儘管她宣稱自己不再那麼在乎名貴華服，但她仍被視為她那個時代穿著最優雅的女性之一。

1911 年，麗塔・德・阿科斯塔・黎迪戈 Rita de Acosta Lydig，喬凡尼・波爾蒂 Giovanni Boldini 所繪｜被畫家約翰・辛格・薩金特 John Singer Sargent 形容為「活生生的藝術」的黎迪戈夫人，購置衣裝一擲千金出手闊綽。她經常光顧巴黎「卡洛姐妹」時裝屋，圖中她身穿的這一襲以粉紅絲綢和稀有的十八世紀金蕾絲所縫製的金縷袍，就是由卡洛姐妹操刀。

1914-1919 年間，皮耶特羅．嚴托尼 Pietro Yantorny 為麗塔．黎迪戈製作的鞋｜這位技藝
高超的義大利製鞋大師只為極少數的客戶製鞋，他光是為麗塔．黎迪戈所製作的鞋就多達
三百雙，很多是用她所收藏的稀有古董天鵝絨、大馬士革錦緞、浮花織錦和蕾絲所製。每一
雙鞋的鞋楦，據說都是用製造小提琴的木頭做的，當黎迪戈外出旅行，這些鞋會擺在特別訂
製、鋪著天鵝絨內襯的皮箱裡隨行。

THE IMPROVED AMENITIES OF LONDON LIFE—THE ROOF-GARDEN RESTAURANT AT SELFRIDGE'S.

1906 年，帕昆時裝屋的下午五點鐘，亨利·傑維斯 Henri Gervex 所繪｜富有的女人蜂湧至時裝沙龍，由珍妮·帕昆所擁有的這家沙龍是其一，帕昆在 1917-1919 年間擔任巴黎訂製服公會 Chambre Syndicale de la Couture 的首席設計師和主席。從圖中可以看見，由全身鏡映射和從落地窗流洩的光，照亮了身穿各式夏裙裝的客戶，其中有位穿著訂製服的女士，手上掛著最新潮的配件之一——一只手提包。

約 1909 年，塞爾弗里奇 Selfridges 百貨公司的廣告｜購物變成一種愉快的消遣，尤其是在倫敦牛津街上的塞爾弗里奇百貨公司購物，裡頭有成衣供顧客選購。以美國的百貨公司為摹本，於 1909 年開業，塞爾弗里奇百貨公司藉由清楚標價，避免了討價還價的尷尬，將購物變成一種大眾化經驗，而且首開先河地在店裡開設餐廳和廁所等便利設施。

波西米亞風

我穿上過時但有歷史意義的褲子，
戰前我會穿著它上派對，
總會配上莫莉里安尼的藍色針織衫。
我們在想，如果他們想一睹「波希米亞風」的真實模樣，
我們就給他們最精彩的。

——————————— 摘錄自《歡笑的軀體》
妮娜‧漢姆奈特 Nina Hamnett，1932 年

1916 年，弗里德里科‧瑪麗亞‧比爾
Friedericke Maria Beer 肖像，古斯塔
夫‧克林姆 **Gustav Klimt** 所繪｜比爾女
士是「維也納工坊」的顧客，圖中她穿著
由達格柏特‧裴契 Dagobert Peche 設
計，以「瑪莉娜」Marina 布料製成的寬
鬆連身褲，套上天鵝絨毛滾邊的外套。
克林姆是否為維也納工坊設計衣服不可
考，但他高度裝飾性的繪畫風格，顯然
是一股重大的影響力。

約 1905 年，「瑪麗安」外套裙，利寶百貨公司 Liberty & Co. 出品，摘錄自「服裝與服飾」目錄｜被形容為「督政時期風格出訪斗篷袍」，這襲 A 字形開襟長外套有著釦環裝飾的高腰線，以及手工刺繡的大翻領和翻袖，公然挑戰了當時流行的沙漏般輪廓。帽子的風格可追溯到十八世紀，頭髮則呈現波西米亞風格的紅色調。打從倫敦利寶百貨公司 1875 年在攝政街開張，那裡一直是熱愛藝術、講究穿著美學的女士之朝聖地。該公司的服裝部門購置了從印度和遠東進口的服飾和精美的彩色絲綢。

約 1910 年，依莎朵拉‧鄧肯 Isadora Duncan｜美國舞蹈家，崇尚自由，但死得離奇，當時她在蔚藍海岸坐車兜風，脖子上繫的長絲巾意外纏住了車輪輻條，結果當場被勒斃。圖中她穿著一襲飄逸的希臘風格長袍，沒穿束身馬甲也沒穿鞋。她獨樹一格的自然律動與飄逸的服裝風格，啟發了許多時尚設計師，其中包括了瑪德蓮‧薇歐奈。

1175.

1912 年，佛坦尼設計的「特爾斐式」Delphos 褶襉袍｜西班牙藝術家兼劇場舞台設計師馬里安諾‧佛坦尼 Mariano Fortuny，開發出將絲緞壓成永久褶襉的工法，後來他在威尼斯開設工廠，持續精進這項技術，並從 1921 年起開始生產布料。他最先於 1907 年推出的經典希臘「佩普洛斯式」和「特爾斐式」長袍，以及從文藝復興得到靈感的印花天鵝絨外套，都是波西米亞風的指標性服飾，至今仍是收藏家尋求的珍品。

1922 年，瑪切薩‧露易莎‧卡薩蒂 Marchesa Luisa Casati 身穿沃斯設計的「光芒」｜瑪切薩‧卡薩蒂因其誇張的模樣、生活方式和怪異行徑而聲名狼藉。她經常請好友里昂‧巴克斯特 Leon Bakst 為她的服裝出點子。為了參加巴黎一場舞會，她請沃斯把她打扮成「光芒」，圖中這一襲嵌釘無數鑽石的網紗衣裙，身後的金色羽毛象徵了太陽的光環。在另一個場合，她打扮成聖薩巴斯汀 Saint Sebastian，不料裝有電線的服裝短路，結果沒去參加舞會，不過她打了一封電報過去，寫著「來自千里之外的遺憾」。

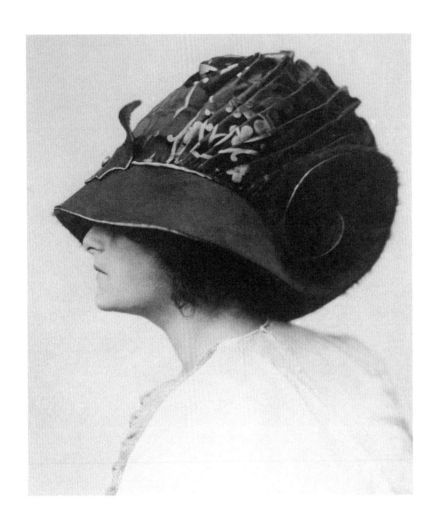

1910 年，魯道夫‧克里瑟 Rudolf Kriser 設計的帽子｜維也納工坊成立的目的，是要整合純藝術和裝飾藝術，生產出「總體劇場」，或者說，集各種藝術的大成：建築、家具、織品、服裝、配件（譬如圖中這頂帽子），甚至聖誕裝飾等等生活的每個面向，維也納工坊的藝術家都會根據他們的審美原則加以改造。

1911 年，維也納工坊設計的裙裝，摘錄自《維也納工坊風格考》*Mode des Wiener Werk-stätten Archivs*｜1911 年，維也納工坊在愛德華‧威默 - 威斯格瑞 Eduard Wimmer-Wisgrill 的主持下成立時裝部，小有成就。從圖中看來，這時裝部生產的裙裝，是在擺脫緊身褡的革新之中融入波烈的新式高腰帝政線條 new Empire line，同時著重於服裝表面的裝飾，而非服裝形廓的多樣化。

1913 年，艾蜜莉·芙洛格 Emilie Flöge 在阿特湖 Attersee │艾蜜莉·芙洛格是克林姆一生的伴侶，也是服裝設計師，在維也納經營「芙洛格姐妹」時裝屋。時裝屋的室內裝潢請來和維也納工坊有淵源的前衛建築師操刀，因此藝術圈裡富有的先鋒派女性經常流連於此。艾蜜莉為時裝沙龍設計的衣服，不如她和克林姆在阿特湖度假時所穿戴的激進，那些激進的衣服很可能是克林姆的傑作。圖中她穿的這襲寬鬆的「披掛式」長袍，衣襟點綴著長長一條鑲版似的民俗風刺繡，剛好襯托出她掛在胸前的墜子，那墜子由柯洛曼·莫瑟 Koloman Moser 設計，克林姆送給她的。

約1911年,斯萊德短髮一族 Slade Crop heads｜朵拉·卡琳頓 Dora Carrington、芭芭拉·巴格納 Barbara Bagenal、桃樂絲·布雷特 Dorothy Brett 在倫敦斯萊德藝術學院 Slade School of Art 就學時,穿著上已相當大膽具實驗性。這幾個年輕女子是帶頭剪短髮的先驅,看看她們自封的綽號就知道了,她們也率先穿起長褲、彩色褲襪,甚至兩只顏色不同的鞋子。

約 1917 年,妮娜·漢姆奈特,羅傑·佛萊 Roger Fry 所繪｜漢姆奈特也曾就讀斯萊德學院,後來倫敦人稱她為「波西米亞女王」。畫中的她穿著歐米茄工坊設計的洋裝,在背景裡可以看見該工坊的另一塊布料放在靠墊上。一次大戰前她會大膽穿著男裝參加巴黎咖啡廳的聚會,常穿的一件是歐米茄工坊設計,由藍、橘、黑色組成的立體派風格罩衫,另外也包括她從市面買來的男性工人服。

1922 年，吸菸裝｜圖中這位女士身穿寬鬆的褲裝，褲子下擺鑲接皮草，配著亮面上衣和綴有流蘇的絲巾，頭上繫著束髮帶。從十九世紀開始，女性會私底下抽菸；在 1920 年代，「先進」的年輕女子會在公共場所吸菸。褲裝在當時仍被視為相當大膽的穿著。

前頁圖說
**1908 年，波烈設計的長袍，由保羅·
伊里巴 Paul Iribe 所繪，摘錄自《保羅·
波烈的禮服》，波寇 Pochoir 出版**｜波
烈開始發展服裝事業時，就讓十九世
紀早期督政時期風格和帝政時期風格
的服裝重新流行起來，隨後他又從古
典的希臘風格服飾汲取靈感。他這一
系列的裙裝，自高腰線輕柔的垂墜下
來，呈現廊柱般合身剪裁，而且層層搭
上短罩衫和外套。畫中女子都梳著「古
老」髮式，呈現出全新的體態輪廓。

約 1910 年，波烈設計的服裝｜圖中這
襲晚禮服是緞面的，先覆著寬鬆的金
色薄紗袍，然後再套著繪上彩色珠子
和金線的外罩。

**1910 年，芭蕾舞劇「一千零一夜」穿
著戲服的男女主角**｜迪亞吉列夫帶領
的俄羅斯芭蕾舞團於 1909 年在巴黎
和倫敦的首演造成轟動。里昂·巴克斯
特的舞台設計和服裝設計充滿了濃烈
的東方色彩和異國情調的性感。波烈
否認自己的服裝設計直接受到俄羅斯
芭蕾舞團的影響，然而他的服裝卻越
發帶有東方風格。

Vera Fokina
Michael Fokin
„Scheherazade.”

1911 年，蒂尼絲和保羅‧波烈夫婦 | 在波烈夫婦舉辦的奢靡至極的「一千零二夜」派對上，時尚、幻想和名聲集聚一堂。波烈夫婦在現場備有戲服，出席的三百名賓客裡只要有人衣裝不符合派對主題，便可當場易裝。蒂妮絲‧波烈當天穿著土耳其燈籠褲，上身穿著燈罩似的罩衫，頭上纏著頭巾並插著白鷺羽飾。

1914 年，「莎樂美」戲服，保羅‧波烈設計，西蒙‧普傑 Simone Puget 所繪，摘錄自《風尚公報》*Gazette du Bon Ton* | 波烈是個出色的經理人──除了策動了一場時尚的革命，他也培養了新一代時尚插畫家，盡量安排機會讓他們的作品曝光。把這些插畫家引介給《風尚公報》這史上最具指標性的時尚期刊之一的編輯露西安‧沃格爾 Lucien Vogel 之後，波烈很確定，他的設計作品將會造成廣大的迴響。

"SALOMÉ"

Robe du soir de Paul Poiret

LES CORSETS BON TON.

FABRIQUÉS PAR LA MAISON DE CORSETS ROYAL WORCESTER CIE.

Une Révélation
de Finesse.

1914 年，新潮緊身褡 Bon Ton 的廣告

新的時裝輪廓對理想的體型也有新的要求。儘管波烈率先宣稱他解放了女人的胸部，但是要形塑較筆直的線條仍需要一件加長的束身馬甲來收腹縮臀。於是出現了束腹褲 girdle 和束胸衣 bust bodice，很快就被稱為胸罩，最後演變成兩件式的內衣。

約 1920 年，波烈設計的「朱阿夫」女褲

波烈設計的這套充滿異國情調的「朱阿夫」褲裝，將鑲有精美珠飾和流蘇的上衣搭上北非風格寬鬆下垂的褲子。然而他鍾情的這種奢華異國風在 1920 年代沒有太多人捧場，他的時裝屋最後在 1929 年歇業。

Purple and Blue Wigs to Complete the Colour=Schemes of Dresses: Gowns that Express Poetic Idea

FROM UNLOOKED INSTANTANEOUS PHOTOGRAPHS SPECIALLY TAKEN FOR "THE ILLUSTRATED LONDON NEWS" BY THE POLYCHROMIDE PROCESS, AT THE DOVER STREET STUDIO; BY PERMISSION OF MADAME LUCILE.

1. THE PURPLE WIG.   2. THE "À COEUR PERDU" GOWN, WORN WITH A BLUE WIG.   4. A BRIGHT EMERALD-GREEN VELVET GOWN CALLED "SUCCESS."   5. THE "TEMPLE BELLS" DRESS, IN MAUVE-PINK AND WORN WITH

3. THE "BECAUSE OF YOU" DRESS, WITH WHICH A PURPLE WIG IS WORN.   TO BE WORN WITH   PURPLE WIG.   7. A POEM IN BLUE AND PURPLE: A DRESS WOR

during the lifetime of the ill-fated Marie Antoinette the head-dress, with its various motifs, such as the "Sentiment Head-dress," "The Pouf à l'Inoculation" (to celebrate the vaccination of Louis XVI., so amusingly described in the Life of "Rose Bertin: The Creator of Fashion at the Court of Marie Antoinette"), formed such a central part of the dress of that period, so it has now fallen to the famous house of Madame Lucile to revive the idea that the hair should accord with the colour-schemes of modern dress. To this end purple, blue, and even green wigs have been chosen to harmonise with the tints of the gowns. Though it is scarcely credible that many will adopt this idea, it cannot be denied that the somewhat bizarre colorations of the hair lend themselves well to the artistic tones of the dress. Each dress has its name, and has been carried out to convey a special meaning, as may be seen in the examples which we give on this page, such as—No. 2, the "À Coeur Perdu," a draped gown in scarlet chiffon with an Egyptian belt of Wedgwood-blue stones, cameos, and dull silver.—No. 3, the "Because of You" evening

dress, is carried out in black over purple, with a design of old-gold thread down the centre front. It has an Oriental waist forming a loose-knotted end, and finished with a spray of silk hand-made flowers in Oriental shades. No. 4, the "Success" forms graceful draperies, and is laced back with a soft tone of blue velvet. No. 5, "The Temple Bells," is a dress in m a kind of orange. The satin bodice is draped with silver lace-embroidered bells, the chiffon sleeves are bordered with browny-pink and silver brocade.—No. 7 is a gracefully draped chiffon velvet gown in a soft shade of blue with gold-and-blac waistband is made of a dull brown pink brocade with a touch of bright emerald-green, and the ornament placed at the si

6. THE BLUE WIG.

THE BLUE WIG.

ocade with touches of green and orange,
in emerald-green chiffon velvet : the skirt
r draped to one side and slit up to show
, and the belt is in a queer colouring of
es and the skirt faced with green. The
d-and-green thread.

1913 年,「詩意的長袍」,露西爾設計 |
圖為露西爾(也就是英國設計師達芙·
高登夫人)設計的一系列長袍,每一件
都配上了顏色相襯的假髮,也分別命名:
「為了你」、「成功」、「教堂鐘聲」、『以
藍色和紫色寫的詩」和「一顆失落的心」
(左邊算起第二張)。其中「一顆失落的
心」是一襲垂墜的紅色雪紡紗長袍,束上
了埃及式腰帶,腰帶鑲有呈現瑋緻活藍
wedgwood-blue 的寶石和瑪瑙及銀飾。

**約 1917 年,在紐約露西爾沙龍舉行的時
裝秀** | 露西爾號稱自己是頭一個起用真
人模特兒上台走秀的設計師。她那些性
感撩人的模特兒,有著充滿異國情調的
名字,譬如葛梅拉和希碧,為她設計的
「情感之袍」注入戲劇化的情色氛圍,
打響了她的品牌知名度。

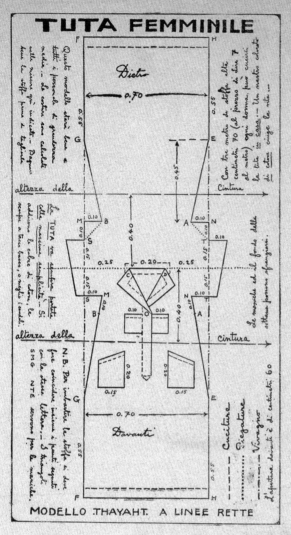

TUTA FEMMINILE

Dietro

MODELLO THAYAHT. A LINEE RETTE

Avvertimenti alle "tutiste,,

Negli ultimi vent'anni, il costume maschile è stato di una rigidità quasi inamidata ed i tessuti che hanno servito a coprirci, sono stati preferibilmente di colore scuro ed incerto, per non far vedere la polvere e le macchie.

La maggior parte degli uomini portavano uno stesso abito per degli anni senza farlo lavare.

La «Tuta» è la naturale reazione a questo incredibile stato di cose. La linea morbida e libera, il tessuto lavabile, la semplicità della fattura, la varietà e purezza dei colori, sono altrettanti attributi che fanno del nuovo indumento l'abito razionalmente moderno, che rompe definitivamente le stupide convenzioni del passato.

Invece il vestito femminile, è stato negli ultimi dieci anni quasi sempre assai semplice e niente affatto rigido. Per la donna, dunque, la «Tutas non rappresenta che una maggiore semplificazione e l'abolizione totale delle stoffe inutilmente costose.

L'eleganza, infatti, non ha niente a che fare colla qualità della stoffa; e non vi è nulla di più ridicolo, di credere che una stoffa di prezzo possa conferire a chi l'indossa, un'apparenza di grazia o di distinzione.

La donna Tutista deve cercare di abolire tutto quello che è vana esteriorità, cercando nella massima semplicità la vera bellezza.

La «Tuta» femminile può essere orlata di nastro di cotone o bianco o nero alle maniche, alle tasche ed al collo. Oppure semplicemente orlata; si porta con un semplice nastro alla vita o senza cappello. Anche una cintura è indicata. Quella donna che avrà poi il coraggio di abolire i tacchi alti, sarà veramente una pioniera nel mondo dell'igiene e dell'arte. Se le ragazze andassero senza tacchi fino a circa l'età di vent'anni guadagnerebbero molto nello sviluppo e nella salute e non avrebbero bisogno di ricorrere ad una finzione antiestetica per accrescere artificialmente la propria statura.

THAYAHT

2009 年，喬凡娜·梅諾茲歐娜 Giovanna Mezzogiorno 飾伊達·達爾瑟 Ida Dalser 電影《墨索里尼的祕密情人》劇照｜在這部關於墨索里尼的情人伊達·達爾瑟的傳記電影裡，服裝設計師瑟吉歐·巴婁 Sergio Ballo 改造了藝術家賈柯莫·巴拉 Giacomo Balla 設計的一款服裝，賈柯莫·巴拉曾設計過很多未來主義風格的服裝。衣服上的色塊、幾何圖案，就跟背景的字體一樣，營造了一種活潑的效果。

約 1924 年，麗尤波芙·波波娃設計的服裝 | 如瓦瓦拉·史蒂潘諾娃和麗尤波芙·波波娃之流的建構主義派，試圖採用社會主義原則來改革服裝，但他們的努力並沒有成功。不僅產品很少，而且就如托洛斯基 Trotsky 本人曾評論道，他們那些更為激進的設計無法博得大眾青睞，大眾還是著迷於西方時尚。圖中這襲波波娃設計的裙裝，顯示了這一派的設計師覺悟到，必須迎合主流風格才能吸引俄羅斯婦女目光。

1928 年，《服飾藝術》*The Art of Dressing* 第四期的封面，阿妮希莫娃 O.Anisimova 所繪 | 刊登在這本俄羅斯菁英雜誌封面上由阿妮希莫娃所設計繪製的時裝裡，她把農村風格的民俗刺繡和當時流行元素融合在一起。從前羅曼諾夫王朝的御用宮廷裁縫師娜傑日達·拉瑪諾娃成功地順應了新的社會主義國家風氣，設計出具有藝術感的服裝，她的獨到之處在於使用席紋呢和亞麻等質樸布料並以刺繡來裝飾，帶出了濃濃的俄羅斯風情。

1923 年，索妮雅·德洛內設計的外套｜就像這時期的大多數藝術家一樣，索妮雅·德洛內認為純藝術與應用藝術應該要整合。她把衣料當畫布來進行「即興」的織品設計，鑽研對比色的運用所產生的律動效果，特別是人體在活動時。

約 1925 年，南西·丘納德 Nancy Cunard 穿著索妮雅·德洛內設計的外套｜聲名狼藉的南西·丘納德是許多文學泰斗的繆斯女神，麥克·阿倫 Michael Arlen 的《愛爾蘭風暴》*Iris Storm* 就是以她為主角的小説。圖中她身穿索妮雅·德洛內設計的外套，很可能是在 1925 年巴黎舉行的「現代工業和裝飾藝術國際博覽會」*Exposition Internationale des Arts Décoratifs et Industriels Modernes*（因此有了「裝飾藝術」一詞）上購置的，在那博覽會裡，德洛內的「即興精品鋪」Boutique Simultanée 一炮而紅。

制服

職業婦女日常穿著的主要行頭包括：
外套和裙子、女式襯衫、鞋子、手套、帽子、防雨
或橡膠製的雨衣，以及禦寒的長外套。
有了這些她基本上就算備齊了。

————————《女性百科全書》*Every Woman's Encyclopaedia*，1910 年

約 1900 年，黛兒 J.R.Dale 設計的訂製套裝 | 這套有著諾福克風格 Norfolk-style 外套的粗花呢套裝，是「女裝與女用騎馬裝裁縫店」Ladies' Tailor & Habitmaker 旗下的設計師黛兒設計裁製的，這家公司在倫敦有十一家分店。自十七世紀末以來，騎馬裝一直是時髦的裝束，訂製服的發展也和騎馬裝的需求息息相關，即使到了今天，騎馬裝仍是裁縫師手工縫製的。

約 **1905 年，美國教師**｜對於要工作的「新女性」來說，訂製服是很理想的穿著。它簡便又實用的設計，從教師到接線生等各種職業婦女都合穿。

約 **1900 年，女士在展示帽子**｜圖中這位女士帶有陽剛風格的穿著到脖子就打住了，從圖中可見硬領的襯衫、領帶和別針，但卻佩戴著一頂飾有花卉和緞帶的大草帽，微微露出一頭時髦的龐巴度髮式。

背頁
1900-1910 年，英國鄧迪的工廠女工｜照片中這些穿著永遠不過時的圍裙和木底鞋（或木屐）的女工，可能是在前後長達五十年期間的某個時間點拍的，但從她們的髮型和穿著束身馬甲的體態來看，拍攝的時間點應該是在二十世紀初期。

約1900年，女裁縫師｜在十九世紀中期取得專利的勝家牌 Isaac Singer 縫紉機，使得縫紉過程大幅加速，也鼓勵裁縫師添加更多的剪裁與裝飾。然而血汗工廠裡的惡劣工作條件一直是公眾關注的焦點，最後終於導致立法制定最低工資。就當時的家庭來說，縫紉機是非常寶貴的：許多雜誌出版做衣服用的剪裁紙樣，美國的巴特里克縫紉公司 Butterick 從 1860 年代起便生產各種尺寸的剪裁樣版。

1927 年，愛爾蘭阿達拉 Ardara 的棒針編織｜不列顛群島和愛爾蘭的所有村莊聚落，數世紀以來都靠手工鉤織品來貼補家用。在 1920 年代這種被稱為「雜色毛衣」jazz jumpers 的毛織衣服風靡一時，同時較有傳統特色的費爾毛衣 Fair Isle 也蔚為流行。

1929 年，英國大雅茅斯的賣鯡魚姑娘
圖中這三位蘇格蘭賣魚姑娘，趁著等待
漁船隊進港的空閒時間用編織賺外快。
在鯡魚盛產季，海岸邊哪裡有漁船靠岸，
就會湧上成千上萬的婦女，她們身穿橡
膠或油布製的圍裙和橡膠靴處理漁獲。

約 1918 年，倫敦的兵工廠女工 | 在兵工廠工作的一些女性穿起了褲裝，她們不是為了追求解放或展現女性主義，純粹是出於必要性和實用的考量。她們從事著既髒汙又危險的工作，但卻被稱為「金絲雀」，這是因為用在彈殼裡的硫磺把她們的皮膚薰黃。

1917 年，埃德蒙·杜拉克 Edmund Dulac 畫的「姊妹」*The Sisters* | 一名屬於婦女土地服務隊 Land Army 的成員、一名護士和一名兵工廠女工穿著各自的工作服。如果不需要穿上特定制服，用堅固、可水洗的布料譬如斜紋棉布製成的罩衫可以套在日常服裝外，為安全起見，頭髮也要塞進帽子裡或用頭巾包起來。

約 1917 年，美國紐約市的有軌電車車掌小姐 | 美國在 1917 年向德國宣戰之後，婦女開始進入職場，替補被徵召入伍的男性所留下來的空缺。圖中這些有軌電車的車掌小姐身穿有腰帶的制服外套，下身穿著馬褲，打著綁腿，穿著靴子並戴著帽子，整體的打扮是在軍裝裡融入流行元素的混合風格。

1918 年，美國，運送冰塊的女子 | 在抗戰期間，從事繁重的勞力工作通常會穿上男性服裝，圖中運送冰塊的女子穿著連身褲、襯衫和戴帽子就是一例。但是從洗得乾乾淨淨的衣服、擦得光亮的鞋子和模樣嬌美的女子看來，這很可能是一張為了政治宣導或召募勞動人員的宣傳照。

1916年，勒隆·莫帕斯Maupas和曼比Man-
by 設計的日出服，摘錄自《巴黎時尚》
Les Élégances Parisiennes 雜誌｜在戰
爭期間，時尚界持續推陳出新：腰線的高
度逐漸往下降，裙下擺則上升至腳踝處，
裙圍更加蓬圓些，因此身軀不如從前那
樣受拘束。在蓬裙外罩上附有寬大口袋、
繫腰帶的長外套，是獲得女性大眾一致
青睞的時髦風格。

1918 年，英國，休戰紀念日｜婦女皇家空
軍（WRAF）的女軍人在倫敦慶祝停戰紀
念日。圖中婦女穿著繫有腰帶的寬鬆外
套和較短較蓬圓的裙子，反映了時裝輪
廓的演進。這些婦女在空軍裡擔任各種
職務：飛機裝配工、飛機機械師或飛機駕
駛員。她們平常也穿馬褲和長褲。

1918 年，避暑度假的穿著，摘錄自《雪紡紗》*Chiffons* 雜誌 | 形形色色的夏裝呈現出時裝輪廓逐漸變得簡約的趨勢：前方的紅色裙裝預告了 1920 年代流行的直筒造型。

POUR LES VILLÉGIATURES D'ÉTÉ

PAGE 7

約 1925 年，美國摩登女郎 | 穿著直筒低腰連身裙 flapper dresses，戴鐘形帽，剪鮑伯短髮的高中女生：腰線完全消失，裝飾的重點落在臀圍線的位置。裙子會以荷葉邊、褶襉裝飾，或在裙襬上修潤點綴。領口的設計是連著領巾的圓領或 V 形領，或是能夠烘托頸上的單串珠鍊的一字領。

1927 年，《刻劃者》*Delineator* 雜誌封面 | 鐘形帽在 1920 年代大行其道，圖中這一頂帶有濃濃的裝飾藝術風格，首飾珠寶也呈現同一風格，繪圖者是美國時尚插畫家海倫‧屈萊登 Helen Dryden，而她也為《風尚》*Vogue* 雜誌畫插畫。《刻劃者》雜誌是一般的婦女雜誌，由巴特里克縫紉公司在 1873 年至 1937 年期間在美國出版。

March 1927　　　　　25c

Delineator

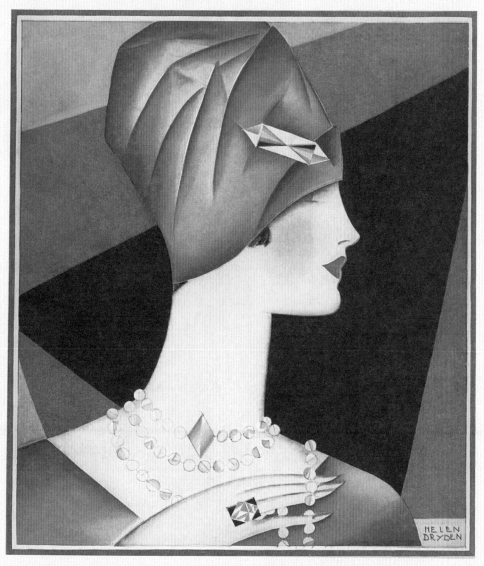

Sophie Kerr
Frances Parkinson Keyes · Eleanor Hallowell Abbott
Smart Spring Fashions

1920 年代的絲襪廣告，蕾蒂絲時裝的郵購目錄｜因為裙擺變短，褲襪得要比以前更美觀才行。當時市面上售有各種顏色的絲綢襪，以便跟整套服裝搭配。所謂的「藝術（人造）絲綢」不如絲綢襪那麼昂貴，雖然價格可親，但很容易勾破和抽絲。這種人造絲在 1924 年被重新取命名為縲縈。

約 1928 年，晚禮服｜圖中這襲以黑色、銀色珠粒鑲繡出光芒和造型葉片圖樣的無袖晚禮服，呈現典型的裝飾藝術風格。直筒低腰連身裙有賴綴飾而非剪裁來吸引目光──流蘇、刺繡、珠飾和羽飾會隨著穿著者在舞池舞動而搖晃閃耀。

約 1928 年，夏裝 | 這襲絲質雪紡洋裝在腰部嵌縫了布片，形成高低不齊的裙襬。到了 1920 年代，裙子長度落至膝下，在這段過渡期裡手帕式或嵌縫長布片的裙襬很常見。

1937 年，溫莎公爵夫婦 | 美國設計師曼波徹因為設計華麗絲·辛普森和溫莎公爵於 1937 年在法國舉行婚禮所穿的婚紗一炮而紅。一襲用藍色皺綢紗製的禮服成了二十世紀最常被仿製的衣裳──不僅是因為愛德華八世為辛普森夫人辭去王位的緋聞在當年沸沸揚揚，辛普森夫人本身也是一位時尚名人。

背頁
1935 年，家庭裁縫用的時裝圖樣，摘錄自《時尚與手工》 Modes et Travaux 雜誌的樣板 | 質料輕柔垂墜，有著自然腰線的印花長洋裝，已經取代了 1920 年代流行的直筒洋裝，從 1935 年五月出刊的這本雜誌可以清楚發現。時裝輪廓越來越強調有著蓬蓬袖或小披肩的肩部，暗示著 1940 年代掀起的寬肩趨勢正慢慢成形。裙幅變窄，採斜裁或打褶襉，好讓裙襬服貼腿部線條。微捲的短髮上戴著窄邊帽，為整體輪廓添上了幾許雅緻。

Ce crêpe de soie naturelle vous sera fourni par notre **SERVICE DE NOUVEAUTÉS** au prix de 30 fr. le m. en 1 m. de large. Échantillons sur demande contre 1 franc.

67

68

69

70

亞馬遜女戰士

跑車有兩種：
一種可以在最短時間內從倫敦抵達蘇格蘭邊界，
另一種可以在最短時間內
跑完邦德街方圓五英哩內的購物行程。

———————— 奧利佛·史都華 Oliver Stewart
摘錄自 1930 年英國《風尚》雜誌

約1938年·凱·裴特芮 Kay Petre | 冠軍賽車手凱·裴特芮在布魯克蘭茲 Brooklands 賽車場的維修站。她總是一派的俐落簡潔又亮眼，積家 Jaeger 公司特地為她設計了一款以粉嫩色絲綢裁製的短袖「粗綿布褲裝」。圖中她穿著布料堅固的連衫褲；配上手套、帽盔和護目鏡，貼了繃帶也塗上唇膏，即便在賽車跑道上她也時髦有型。

FANCY CYCLING FOR AMATEURS　　　45

At Emerson's School, Drill Hall, Heath Street, Hampstead.

(a) Backward Stationary Balance

(*a*) and (*b*).　Mount in the usual manner.　When a perfect balance has been obtained, take the match from the

1901 年，騎自行車的女士｜打從十九世紀後期，騎自行車是非常熱門的活動。自行車的問世讓婦女可以成群外出郊遊，從事新的消遣，譬如「單車兜風」fancy cycling 以及獨自旅遊。騎車時也許是穿褲裙，一些大膽的女子會穿燈籠褲套裝。從圖中來看，騎單車竟然還戴著有天堂鳥羽飾的帽子實在匪夷所思。

1901 年，三名女士坐在凱迪拉克裡｜二十世紀初，富有的女士熱衷開車。為了因應這一波熱潮，現有的服裝需要做一些更改，也需要額外的保護性裝束：例如斜紋防水布製的防塵長外套，以及繫在帽子上的面紗，一方面固定帽子，一方面也可以為臉部擋住沙塵，因為早期的汽車沒有擋風玻璃。

1925 年，德本漢 Debenham 姐妹｜姐妹倆都穿著雜色毛衣，一個搭上稍長的裙子和鐘形帽，另一個配上燈芯絨馬褲和毛線帽，這裝束更適合騎摩托車。很多婦女在戰爭期間學會騎摩托車，戰爭結束後持續在閒暇時刻享受騎乘快感。

L'ESSAYAGE A PARIS (CROYDON-BOURGET)

COSTUME POUR TOURISME AÉRIEN, DE MADELEINE VIONNET

TRAVERSÉE A BORD D'UN AVION DE "L'INSTONE AIR LINE"

1910 年，埃萊娜·迪特里厄 Hélène Dutrieu｜集特技自行車手、特技摩托車手、賽車手和飛行先驅於一身，屢屢創紀錄的埃萊娜·迪特里厄有著「人類之箭」的美譽。圖中她的裝束，一件開叉裙或「女飛行員裙」aviatrice jupe 連著緊扣的外套（據說她底下沒穿束身胸衣），頭戴貼合的皮帽盔，顯示出神速快馳的女先鋒們自行發想設計出行家裝束，而不是拿日常服來加以改造。戰後，陽剛風格的連身裝和褲子更常在運動場合出現。

1922 年，旅行裝，瑪德琳·薇歐奈設計，塔亞特所繪，摘錄自《風尚公報》｜1920年代初期，從倫敦南部克羅伊登 Croydon 機場飛至巴黎（行經布爾歇機場 Le Bourget）的載客飛行航線開始熱絡起來，奢華的座艙環境和僅兩小時半的飛行時間，使得「血拚一日遊」變成迷人行程。

1928 年，艾蜜莉亞·艾爾哈特 Amelia Earhart | 艾蜜莉亞·艾爾哈特於 1932 年成為第一位獨自飛越大西洋的女飛行員。1937 年，她嘗試首次環球飛行時，在飛越太平洋期間失蹤。身為國際名人，她為香菸、旅行箱等等各種產品代言，也成立自己的服裝品牌「活躍生活」，在五十家店面販售，包括紐約的梅西百貨。圖中她身穿皮風衣、馬褲和繫帶高筒靴，頭戴飛行員帽盔，把男裝穿得非常瀟灑有個性。

1934 年，瑞士航空的空服員，在柏林的藤珀爾霍夫機場 Tempelhof Airport | 圖中身穿簡潔俐落的褲裙套裝，頭戴鴨舌帽的女子，是世上第一位空服員奈麗·戴納 Nelly Diener，她在拍照的同一年死於空難。

1900 年，滑雪者，歐洲 | 打從十九世紀
晚期起，如圖中這類女式襯衫、合身裙及
帽子等日常服也在從事冬季運動的時候
穿戴，一如需求量越來越大的針織衣。直
到 1920 年代，運動服才受到時尚設計師
的關注，譬如尚·巴度、珍·雷格尼 Jane
Regny 和艾爾莎·夏帕瑞麗。

**1925 年，滑雪裝，巴黎白宮 La Grande
Maison de Blanc** 百貨公司出品，摘錄自
《雪紡紗》雜誌 | 用色活潑奔放的費爾毛
衣的高人氣，在 1920 年代蔓延至滑雪場
上。這些長版的毛衣配上顏色相襯的馬
褲或裙子、襪子和小腿套，顯現出針織布
料可伸縮的靈活度，很適合從事運動時
穿戴。

Créations de la GRANDE MAISON DE BLANC
6, Boulevard des Capucines

I. Costume en kasha fantaisie et même tissu uni. Bonnet et cravate frange assortie.

II. Costume en kasha à larges rayures et même tissu uni. Bas, bonnet, gants et cravate assortis.

III. Costume en tricot et kasha fantaisie. Bas, culotte, la cravate, bonnet en tissu assorti au ton de la garniture du costume.

I. A fancy kasha costume mixed yellow molleton. Gloves and stockings have both a same kasha revers. A kasha bonnet adorned white buttons.

II. Costume of fancy ziblikasha mixed beige jersey with a kasha scarf with wool fringe. Matching gloves and stockings. Red tricot coiffure.

III. Costume of fancy kasha and red tricot. Coiffure, gloves, scarf and stockings of red tricot.

1912 年，騎馬裝，雷德芬設計｜從前大多數婦女都是側坐在馬鞍上騎馬，這情況持續至兩次大戰之間。因此騎馬裙的剪裁總是把一側的裙襬加長，好讓女士坐到馬背上時披掛在馬上的裙襬看起來均勻平衡；有時候裙子底下會穿著保暖的毛織馬褲。雷德芬公司從 1870 年代起，在訂製運動裝方面一直聲譽卓著。

1938 年，艾麗卡·波普 Erica Popp，《新潮》Neue Modenwelt 雜誌｜德國女繼承人艾麗卡·波普身穿修長版的馬褲和短袖的翻領 polo-neck 毛衣。

1916 年，泳裝 | 十九世紀起，海水浴變得風行，女性穿上以維多利亞時期水手服改良的泳衣游泳，基本上是寬鬆的罩衫搭上燈籠褲和褲襪。圖中這套更具流線感的泳裝是以平針織布製成，開叉的前襟以帶子繫綁，腳上穿著綁帶的海灘鞋，頭上戴著綴有流蘇的橡膠泳帽。

1930 年，格蘭德‧斐德希克 Grand Frédéric 品牌的海灘服廣告，摘錄自《時尚花園》*Jardin des Modes* 雜誌 | 在 1920 和 1930 年代，旅行風氣盛行，到海邊做日光浴變成時髦的活動，曬成古銅色的肌膚成了富裕悠閒的象徵，而不像從前那般被視為從事身體勞動。用有彈性的羅紋布製成的一件式泳衣不僅更合身，也大幅袒露胴體。橡膠泳帽和沙灘鞋在 1920 年代中問世，而帆布面草編鞋，傳統的法國海灘鞋，更是風行不墜。

約 1938 年，詹特森 Jantzen 品牌的「日吻」Sunaire 泳裝 | 到了 1930 年，美國詹特森公司成了生產泳裝的世界領導品牌，款式不斷推陳出新，其中包括了圖中這款名為「日吻」，上衣連著短褲的泳裝，以及名為「無痕」Shouldaire 的一款可以把肩帶放下來，好讓後背和前胸可以整片曬得均勻的款式。

1951 年，瑪麗蓮‧夢露 | 兩截式的泳裝在 1930 年代已經問世，但直到 1946 年樣式更精簡的比基尼才出現，名稱借自當年美國試爆原子彈的地點南太平洋的比基尼環礁。圖中瑪麗蓮夢露穿著一件佈滿圓點，綴有荷葉邊外裙的比基尼。

Jardin des Modes

A LA MER
TOUTES LES FEMMES ÉLÉGANTES PORTENT DES PYJAMAS EN CRETONNE
"LISIÉRES FLEURIES"
FABRICATION PAUL DUMAS
9 RUE Sᵗ FIACRE
PARIS

LISIÉRES FLEURIES

1930年，以「花邊」Lisières Fleuries 牌布料製的寬長褲廣告，摘錄自《時尚花園》雜誌 | 慵懶風格的寬管褲為海灘增添一股迷人氣息，它也是除了戰爭期間不得不穿的長褲之外，女性大致來說可以接受的第一款長褲。除了在海邊度假時穿，也當家居休閒褲來穿。

1933年，在紐約的伊麗莎白·雅頓健身沙龍裡的剛成年女子 | 1930年代興起一股健身熱潮，崇尚健美體態。理想體態的美大受讚揚，於是婦女們開始藉由柔軟體操和戶外活動、美體沙龍的療程和節食來達到理想身材。在機械年代裡，具有流線感的身體曲線，才稱得上具有現代感。

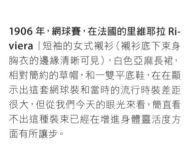

1906 年，網球賽，在法國的里維耶拉 Riviera｜短袖的女式襯衫（襯衫底下束身胸衣的邊緣清晰可見），白色亞麻長裙，相對簡約的草帽，和一雙平底鞋，在在顯示出這套網球裝和當時的流行時裝差距很大，但從我們今天的眼光來看，簡直看不出這種裝束已經在增進身體靈活度方面有所讓步。

1925 年，蘇珊·朗格倫 Suzanne Lenglen｜法國網球冠軍蘇珊·朗格倫的運動天賦和她的優雅品味同樣讓人津津樂道：不管在球場上或下了球場，她的服裝都交由尚·巴度打點。尚·巴度是頭一位特別把運動服視為時裝分支的設計師。他在 1925 年於巴黎開設名為「運動角落」Au Coin des Sports 的運動服精品店。

BEEHIVE KNITTING BOOKLETS No. 10.

PRICE ONE PENNY (or by post 1½d.)

約1910年，《蜂窩編織手冊》*Beehive Knitting* 第十期封面｜打高爾夫球是女性借用男性裝束所從事的頭幾項運動之一，借用的行頭包括訂製外套、開襟羊毛衫和毛衣。被稱為「運動外套」的這類服裝可以在家按照編織圖樣書自行編織，譬如圖中這一本，在百貨公司也可以買到織好的成衣。在英國，針織是學校課程的一部分，男女都要修習。

1927 年，在英國穆爾園高爾夫俱樂部 **Moor Park Golf Club** 的高爾夫球裝展示｜圖中模特兒在高爾夫球場上展示兩套高度裝飾的編織衣：左邊的模特兒穿著繡花的無袖針織背心，搭上細褶裙，右邊的模特兒穿著開襟羊毛衫，上面嵌縫著鉤針編織的幾何圖案。兩人都帶著很搭調的鐘形帽，整體看來實穿又有型。

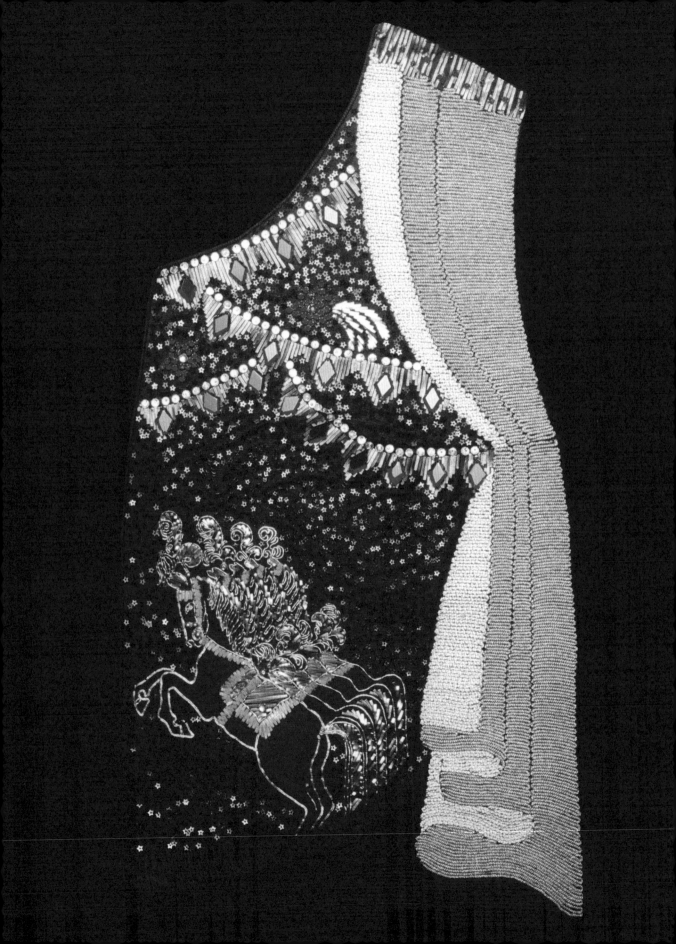

女裝設計師

「哈！所以我們現在穿夏帕瑞麗，我懂了！那下一件呢？」
「賽德希克 Cedric！你怎麼看得出來？」
「親愛的，你總會看出來。
凡事都有特徵，如果你用心看的話，而我見識比你廣，
眼光比你銳利，夏帕瑞麗、赫布士 Reboux、
法貝熱 Fabergé、維奧萊勒杜克 Viollet-le-Duc，
我看一眼就知道，不誇張，只消一眼。」

南西·米佛 Nancy Mitford 著
—————— 摘錄自《戀戀冬季：天涯追愛》 *Love in a Cold Climate*
1949 年出版

1938 年，勒薩居 Lesage 刺繡工坊提供給夏帕瑞麗的刺繡｜夏帕瑞麗對合成材料譬如尼龍、縲縈、塑膠、賽璐玢和紙很有興趣，常把這些材料用到製作衣服上。她也擅長使用拉鍊，把拉鍊變成特色而不是把它隱藏起來。在 1930 年代後期，她推出一系列有特定主題的時裝作品，其特色是勒薩居刺繡工坊出品的繁複厚重刺繡，圖中該工坊為她的「馬戲團」系列所特製的刺繡即是一例。

ON T'ATTEND !

Robe d'organdi et manteau d'enfant, de Jeanne Lanvin

1920 年，「亮相」On t'attend，珍·浪凡設計的蟬翼紗禮服 Organdie dress 和兒童外套，皮耶·布利索 Pierre Brissaud 所繪，摘錄自《風尚公報》｜珍·浪凡是從設計女帽起家，然而為女兒設計的漂亮又簡約的洋裝廣受好評之後，隨即投入童裝事業。到了 1920 年代，她已經打造出一個商業帝國，銷售的品項從時裝、香水、男裝、皮草、內衣、家居用品和童裝不一而足，是史上經營的最成功也是歷史最悠久的時裝品牌，至今依然屹立不搖。

1925 年，珍·浪凡設計的晚禮服｜熱愛藝術也熱衷收藏藝術品，美學涵養深厚的浪凡，獨鍾更為浪漫與懷舊的風格，和同時代的現代主義風格設計師大異其趣。她的代表作「特色禮服」重現十九世紀的裙撐概念。圖中這一襲特色禮服點綴著由大量珠子鑲串而成的大蝴蝶結圖案。

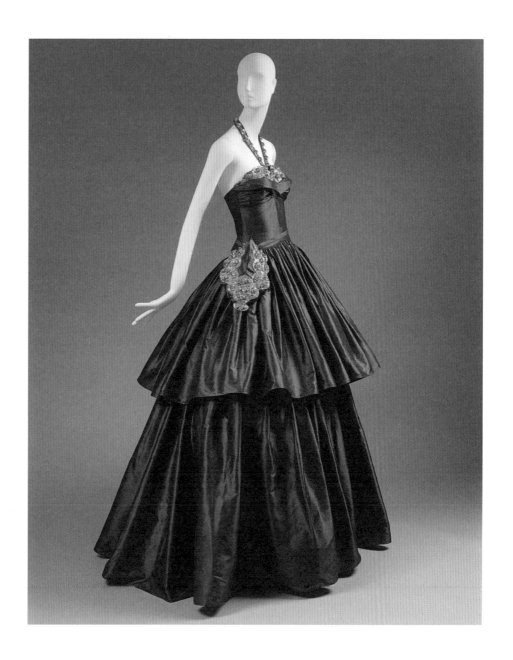

1938 年，紅色羊毛晚宴服的細節，由珍‧浪凡設計｜浪凡以精緻的刺繡和珠飾細工聞名。她喜歡收集東方織品和骨董織品，從中擷取靈感設計圖案，以圖中這件紅色晚宴服的袖口為例，她以鍍金皮革飾帶盤繞出繁複花邊，並在其中嵌縫上銀亮片。浪凡的時裝屋裡設有專屬的兩間手作坊來打理珠工和刺繡。

1939 年，珍‧浪凡設計的「旋風」禮服浪凡所體現的浪漫風格，是對 1920 年代崇尚的「男孩氣」外觀以及 1930 年代的極簡主義的一種挑戰，同時也預示著迪奧的「新風貌」，而「新風貌」本質上是一股復古風潮。

1930 年，瑪德蓮·薇歐奈 | 曾在卡洛姐妹和杜塞時裝屋當過學徒的瑪德蓮·薇歐奈，在 1912 年另立門戶，開設自己的時裝屋。她以斜裁設計見長，擅於打造貼合身體又流暢飄逸的衣著，幾乎達到了古希臘雕像的效果，堪稱是 1930 年代現代主義風格的標竿。其實斜裁手法並非她首創（查爾斯·沃斯早在很久以前就已經開始嘗試這種剪裁），但她把垂懸的幾何形狀布片在縮小的木製活動人偶上嘗試無數的排列組合，這手法獨一無二。

約 1931 年，索妮雅身穿薇歐奈作品 | 薇歐奈從羅浮宮古藝術品上的古典希臘衣著汲取靈感，以及她對舞蹈家鄧肯自由奔放舞風的欣賞，從時尚攝影師喬治·霍寧根 - 胡恩 George Hoyningen-Huene 捕捉薇歐奈時裝屋專屬模特兒索妮雅的快門一瞬明顯可見，相片中索妮雅身穿羅馬風格的皺紗寬管褲，絲巾在身後迴旋飄逸，宛若范戴克 Van Dyck 畫筆下的衣紋褶理。

**1938年,「薇歐奈巧手改造的鄉村風格」,
艾德蒙森 Edmondson 所繪,摘錄自《哈
潑》雜誌**｜即便是斜紋軟呢布,薇歐奈也
可以斜裁縫製,就像圖中這兩套為鄉間活
動所設計,附有外套的俐落瀟灑裙裝。左
邊的斗篷是順著直線紋理剪裁,再以鈕
扣銜接相稱的斜裁裙裝;右邊的披肩和
裙裝則都是以斜裁縫製。

1938 年,晚禮服,瑪德蓮 · 薇歐奈設計
薇歐奈在用色上偏好可以突顯她的革命
性剪裁手法的粉柔色調、裸色、銀、金、
黑和白色。她在捍衛自己的設計專利權以
及善待員工方面的好名聲,顯示她為人
正直,時至今日,很多人仍尊她為「設計
師中的設計師」。

COSTUMES DE JERSEY

Modèles de Gabrielle Chanel (fig. 257, 258 et 259)

1917 年，香奈兒設計的針織裙裝，摘錄自《巴黎時尚》雜誌 | 可可·香奈兒一開始是一名女帽設計師，很快就在 1913 年於時髦的海邊度假勝地杜維爾和比亞里茨開設精品店，她的第一間時裝屋則是在 1915 年於比亞里茨創立。圖中這幾套絲質針織裙裝，都是在女式襯衫和裙子外加上「套頭女衫」再繫腰帶，明顯可看出她的設計著眼於穿著的簡便舒適。

約 1927 年，香奈兒設計的洋裝 | 香奈兒推出的「黑色小洋裝」在1926年登上頭條，當時美國《風尚》雜誌把它形容為「香奈兒版的福特汽車──全世界女人都會穿的衣服」。黑色小洋裝如今成為必備的時尚元素，得歸功於香奈兒重新詮釋了黑色，使之變得時髦摩登，跳脫過去在戰爭期間所表徵的居喪與哀悼，賦予它力量與新意。

1930 年，可可·香奈兒與羅馬的羅里諾公爵 | 香奈兒始終是自身品牌的最佳模特兒和代言人，總能把個人風格變成時尚潮流。圖中她身穿長褲、水手毛衣，梳著鮑伯短髮，曬成古銅色的肌膚，戴著人造珠寶混搭珍貴寶石的首飾。她的精力與企圖心展現了現代女性的風貌，但是她並不支持女性主義觀點，仍舊深信女為悦己者容。

1932 年，香奈兒設計的晚禮服 | 香奈兒設計的晚禮服和她的單品一樣在低調中透著優雅。這一襲藍色雪紡紗製的合身禮服有著斜裁的裙擺，表面嵌縫的無數亮片使得整件衣裳閃閃生輝，唯一的裝飾細節是在領口處幽微地勾描出蝴蝶結圖案。

約 1935 年，可可·香奈兒的照片，由曼·雷 Man Ray 所拍攝 | 這張照片完美地捕捉到香奈兒的氣質與風韻。照片中她穿著領口綁著蝴蝶結的簡單上衣，一襲附有實用口袋的裙子，壓低的帽子遮住一隻眼睛，帽子下露出完美無瑕的捲髮。她身上戴的幾串珍珠、耳環、手鐲和鑲嵌珠寶的寬鐲（見次頁），讓整體看來幾乎是嚴峻的感覺變得輕盈許多。

約 1935 年，佛杜拉公爵為香奈兒設計的
寬鐲｜圖中這副以金、銀和琺瑯質製成的
寬鐲，鑲嵌了彩色寶石的馬爾他十字架，
是香奈兒和佛杜拉公爵共同設計的。

1955 年，夢露和香奈兒 5 號香水
在 1921 年推出的香奈兒 5 號香水說不定
是全世界最出名的一款香水，也是頭一款
在瓶身上出現設計師名字的香水，而香奈
兒為這款香水設計了非常現代感的瓶子。
瑪麗蓮·夢露只擦香奈兒 5 號相伴入眠
的告白，使得無數名流趨之若鶩。這款香
水的代言人包括法國女星奧黛莉·杜朵
Audrey Tautou。

約 **1927 年，艾爾莎‧夏帕瑞麗設計的毛衣** | 出生於義大利的艾爾莎‧夏帕瑞麗是自學而成的時裝設計師，沒有受過時尚的專業訓練，在這一點上她經常被同時期的香奈兒引為笑柄。然而，也許正因為不是科班出身，她反而能夠更自由地去實驗，作品無疑也比她同時代的設計師更詼諧幽默。她於 1927 推出帶有視錯覺 trompe l'oeil 圖案的毛衣系列，受到紐約羅德與泰勒 Lord & Taylor 百貨公司熱烈爭購，給她帶來了前所未有的成功，並且在國際上打響名聲，為她的事業奠下基石。

約 **1935 年，艾爾莎‧夏帕瑞麗設計的七套服裝，由皮耶‧穆格 Pierre Mourgue 所繪** | 圖中形形色色的服裝顯示了設計師在設計剪裁精良的舒適單品以及雅緻晚禮服的天賦，這些作品甚至無法讓人馬上想到夏帕瑞麗。不過話說回來，從脖子上的蝴蝶結到雙色的騎士衫，總是那麼別出心裁。

約 1937 年，艾爾莎·夏帕瑞麗的照片，由霍斯特·霍斯特 Horst P. Horst 所拍攝

霍斯特鑲上框之後，看起來她彷彿從橢圓形窗口探身朝外望，相片中夏帕瑞麗身穿做工精湛的外套，前襟有立體刺繡往下延伸。從她的服裝輪廓可看出她加了墊肩，而這也是她首開先河的創舉，就像她把帽子設計成具超現實感的波浪形。她把藝術融入時裝設計，尤其是把超現實主義的概念用到時裝上，說不定是她的作品最出名之處。

1937 年，龍蝦裝，艾爾莎·夏帕瑞麗設計

夏帕瑞麗把超現實主義的意象運用到時裝上的做法，在她和標竿人物達利合作後達到巔峰。她出名的「淚珠」裝，就是由達利設計布料，意在讓淚珠看起來像皮膚剝落。圖中印在裙襬上的大龍蝦，也是取自達利的畫作，而這襲龍蝦禮服，成了溫莎公爵夫人為自己添置的嫁妝之一。

1938 年，艾爾莎·夏帕瑞麗設計的鞋款
夏帕瑞麗設計的這款以猴毛裝飾的鞋子，
讓人感到不安的同時也帶出情色意味（貼
著皮膚的皮草幾世紀以來在藝術表現上
一直是情色的隱喻），成了最能表現超現
實主義運動的經典。夏帕瑞麗的驚世駭
俗之作還有縫上紅色蛇皮指甲的手套、
繡著如髮絲般的藍色卷鬚的頭紗，以及
形狀像一只女鞋倒扣在腦門上的帽子。

**1938 年，「震撼」香水、蜜粉和唇膏的
廣告，夏帕瑞麗設計**｜夏帕瑞麗在二次
大戰期間走避美國，儘管戰後她還是
回到巴黎，但是時尚先驅的地位被後起
之秀取代，再也不復當年風光。不論如
何，她推出的經典香水「震撼」在當時
依然暢銷，香水名稱意指它搶眼的螢光
粉紅包裝和她以梅蕙絲 Mae West 的
身軀曲線為模型製成的瓶身十足震撼。

明星

在嘉寶之前的女星，總有一張粉嫩白皙的臉蛋，
但是她素樸而幾乎不上妝的臉龐，
徹底改變了時髦女性的容貌。
有好幾年的時間，她甚至完全沒抹口紅也沒撲粉。

塞西亞·比頓著，摘錄自《時尚之鏡》*The Glass of Fashion*
1954 年出版

1929 年，露易絲·布魯克斯 Louise Brooks
露易絲·布魯克斯以她一頭俐落鮑伯短
髮成為 1920 年代「男孩氣」女孩的代表
人物。日後（她於 1985 年過世）她成了螢
幕偶像，麗莎·明妮莉 Liza Minnelli 飾演
電影《歌廳》*Cabaret*（1972 年上映）裡
莎莉·鮑爾斯 Sally Bowles 一角就是從露
易絲·布魯克斯身上找靈感。

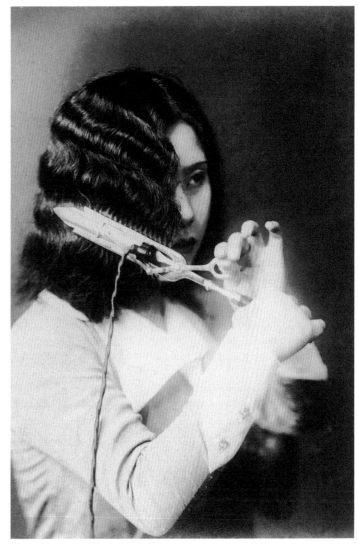

1918 年，艾琳·卡斯特爾 Irene Castle
國際標準舞夫妻檔梵儂和艾琳·卡斯特爾，憑著當時風靡美國的火雞舞、灰熊舞和探戈舞步席捲歐洲。被視為美國最懂得穿著的女人之一，艾琳舉手投足間自然流露瀟灑優雅，早在 1920 年代之前她便留起鮑伯短髮，帶動流行，而且經常穿著露西爾設計的衣服。

1920 年代，約瑟芬·貝克 Josephine Baker | 性感舞者約瑟芬·貝克轟動 1920 年代的巴黎，她在女神遊樂廳演出經典的「狂野之舞」Danse sauvage 時，赤裸的身軀上僅有腰間的一圈人造香蕉和胸前的幾串珠子。她奢侈鋪張的生活，包括有一輛漆上與她褐色肌膚幾乎同色的車子、養了一隻印度豹當寵物，和無數漂亮的衣服，無非是幌子，只為掩飾她在二次大戰期間為法國抵抗軍祕密蒐集情報的工作，她終身致力於提倡人權，曾榮獲「英勇十字勳章」Croix de Guerre。

1930 年代，燙大波浪捲髮 Marcel wave 的日本女性 | 卡斯特爾和布魯克斯之流的時尚先驅和藝術圈的人，早在一次大戰之前已經留著鮑伯短髮。到了 1920 年代，全世界都流行鮑伯短髮，而且在 20 年代末短到男生般的伊頓頭 Eton Crop。1930 年代，女性髮型回歸略長些也略為柔和的造型，而且會以高溫電棒 Marcel tongs 微微燙出波浪狀，而電棒是十九世紀末的發明。

1925 年，黃柳霜 | 中國出生的黃柳霜是第一位在好萊塢電影擔任要角的亞裔影星。她總是穿「中國服」──依照當時報章媒體原始標題的用詞，而這也恰好符合 1920 年代興起的東方熱。很多時裝設計師例如保羅‧波烈就受到遠東服飾風格的影響，很多巴黎商家譬如巴巴尼 Babani 也進口東方服飾，同時也把東方服飾改良成西式洋服或用東方布料來裁製洋服。

1937 年，穿旗袍的中國姑娘 | 在 1920 年代，上海是中國的時尚之都，被稱為「東方的巴黎」。圖中這些年輕姑娘穿著西方的褲襪和高跟鞋，但是髮型和服裝都是當時中國最流行的款式，而這時期的風潮也日益反映出逐漸高漲的民族主義。「長衫」，又叫「旗袍」，從那時起也在國際走紅。

**約 1925 年，普雷梅特 Premet 設計的
晚禮服** | 這襲奶油色絲綢喬其紗晚禮服，
表面以玻璃珠鑲繡出中國風的圖案，這些
鸛形、牡丹花紋、寶瓶和寶盒圖樣，無不
顯示出東方熱的影響。簡潔的直筒型輪
廓非常適合嵌縫大量珠飾細工，裙襬下緣
一整圈開叉的設計是這襲禮服的巧妙之
處，穿這襲禮服跳舞時，開叉的飾條會隨
而飛揚擺動。

1932年，珍·哈露 Jean Harlow｜早在 1930 年前後，瑪德琳·薇歐奈就把露背晚禮服推薦給時裝屋的歐陸顧客，但直到珍·哈露穿著一襲露背禮服出現在螢光幕，露背裝才在美國流行起來。珍·哈露是個天生麗質的金髮尤物，她那一頭白金色捲髮使得當時藥妝店裡漂白頭髮用的過氧化氫相當暢銷，儘管這漂洗劑會造成潛在的傷害眾所周知。

1947 年，蜜絲佛陀的廣告｜好萊塢帶動了美妝品的研發與普及。蜜絲佛陀於 1908 年就在好萊塢開設美妝工作室，到了 1920 年代，他銷售的各種化妝品中，最有名的粉餅 Pan-Cake（後來改為粉條 Pan-Stik）即出了好幾種膚色調可供選擇。假睫毛和假指甲也是源自好萊塢。

1932 年，瓊·克勞馥 Joan Crawford 飾演萊蒂·林頓一角 | 圖中這襲白色晚禮服，由 1928 至 1942 年在米高梅製片公司擔任服裝設計師的吉爾伯特·阿德里安操刀，是史上銷售得最成功的電影服飾之一。據說光是在梅西百貨的電影周邊產品櫃，就賣出了五十萬件。可以襯托臉蛋的層層荷葉袖，是所謂「出風頭」裝 above the table dressing 的典範，其設計的用意在於突顯影星的臉蛋，而整體輪廓也被認為帶動了寬肩的趨勢。

1934 年，瑪姬·胡夫設計的晚禮服，摘錄自《時尚與手工》封面 | 更多的女性情願追隨心目中影星的穿著打扮，甚於留意巴黎時裝動態。林頓姑娘禮服的裁縫紙樣在 1932 年由麥寇公司 McCall 出版，隔年英國版《風尚》便評論起這襲禮服的高人氣。它整體的造型與輪廓，一如圖中由瑪姬·胡夫所設計的這一款晚禮服，持續風靡了好幾年。

N.º 352 du 15 Août 1934

Modes & Travaux

Robe du soir
création de MAGGY ROUFF

ARLENE DIETRICH
Paramount Pictures

**1936 年，瑪琳·黛德麗在電影《慾望》
Desire 的劇照**｜崔維斯·班頓經常為瑪
琳黛德麗所扮演的角色打理服飾。在電影
《慾望》裡，她飾演一位經常裹著絲綢和
狐皮的深閨怨婦。她用眉筆勾畫出來的
彎彎細眉也被廣為仿效。

1933 年，瑪琳·黛德麗｜混合了歐洲的優
雅、曖昧的性向和好萊塢的魅力，瑪琳·
黛德麗成為極具個人風格的時尚偶像。
不管是戴大禮帽穿燕尾服或皮草，或穿
著閃閃發光的亮片合身禮服，她看起來
一樣怡然自在，而長褲能夠成為美國女
人的日常穿著，也要歸功於她。圖中她身
穿陽剛的花呢褲裝，配上套頭毛衣和一
頂貝雷帽。

1920 年代晚期,葛麗泰嘉寶｜嘉寶具有不妥協又獨特的個人風格。她健美的身材很適合穿褲裝,而且她很少化妝。她喜歡自然素顏的作風和好萊塢的常態大相逕庭,即便如此她還是引領潮流:她常戴著形形色色的帽子在螢光幕前出現,女帽的商機因而迅速蓬勃起來。

1935 年,運動服和鄉村裝,摘錄自《時尚與手工》｜格紋和斑紋花呢被用來做運動服和鄉村裝,搭配上繫帶平底鞋或拷花皮鞋,以及帽沿往一眼壓低的瀟灑帽款,整體看起來洗練而陽剛,少了過去十年的稚氣和裝飾感。

54. Costume sport en tw□
La blouse est en jersey □
capuchon. Métrages : 3 m□

55. Cette robe est en □
cruste par une large □
écharpe en jersey rayé □

56. Manteau sport en d□
revers en castor et bas □
baguette terminée par □

57. Ce manteau trois-qu□
castor, découpé par le □
heureusement la blouse □

e la jupe se termine par un large pli creux.
la garniture de la cape formant un col
a jupe et 1 m. 50 de jersey pour la blouse.

jupe-culotte. Au corsage, la découpe s'in-
ui borde le décolleté accompagné d'une
colure. Métrage : 3 m. 25 en 1 m. 30.

larges poches piquées dessus. Grand col
ustés en forme de hauts parements. Une
dos. Métrage : 3 m. 50 en 1 m. 30.

ge uni est fermé avec le col rabattu en
nches raglan et les poches. Il complète
57. Métrage : 2 m. 50 en 1 m. 30.

58. Blouse en jersana fermée par un boutonnage jusqu'au col noué. Les manches
s'incrustent en empiècement devant et dos. Jupe-culotte en lainage quadrillé.
Métrages : 1 m. 40 en 1 m. 20 pour la blouse et 1 m. 80 pour la jupe en 1 m. 20.

59. Blouse sport en jersana découpée en avant de deux bandes évasées et de pattes
d'épaules se prolongeant sur le haut des manches. La jupe est coupée de deux
sections évasées. Une cape complète cet ensemble sport, vous la voyez représentée avec
les dos. Col revers en astrakan. Mét. : pour la jupe 3 m. et 1 m. 75 pour la blouse et la cape.

60. Ensemble sport avec cape trois-quarts et blouse tricotée en laine, montée par
un empiècement. La cape est découpée aux épaules par un empiècement fixé par
une patte croisée boutonnée. Jupe droite. Métrage : 3 m. 50 pour la jupe et la cape.

61. Ce manteau droit en velours de laine se boutonne jusqu'au col fait en castor. Une
martingale ajuste le dos. Poches droites assez hautes; les manches larges du haut
sont montées à fronces, elles sont très épaulées. Métrage : 3 m. 25 en 1 m. 20.

HARPER'S

Bazaar
INCORPORATING "VANITY FAIR"

OCTOBER—NOVEMBER 1939

FASHION
AS USUAL

愛國風潮

這裡列出一些方法
可以讓你把男人不要的衣服改成你可以穿的，
只要你確定戰爭過後他不會再把那些衣服要回去。

———————————— 英國新聞部，1943 年出版的《修修補補將就使用》手冊

1939 年，「時尚一如往常」，摘錄自《哈潑》雜誌封面｜圖中走在雨濛濛的巴黎街頭的模特兒，身穿夏帕瑞麗設計，看起來很像防塵外套的白色防水衣 mackintosh。封面標題傳遞出歐洲宣戰後充斥著樂觀的氣息。

約 1938 年，希特勒青年團，德國｜穿著碎格布和印花布、蕾絲圍裙、傳統的肩帶連衣裙，金髮綁著長辮子和有著古銅色健康身軀的少女跳著民俗舞蹈，呈現了戰爭爆發之前德國理想的女性形象。

1941 年，戰爭期間的內衣產業，摘錄自《訊號》*Signal* 雜誌｜《訊號》是圖片豐富、發行量很大的德國雜誌，在 1940 年至 1945 年之間以多種語言出版，是納粹政權重要的宣傳工具。圖中的法文版雀躍地強調著迷人的內衣和褲襪可以在柏林的商店購得。

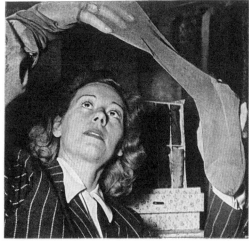

Mais voyons les bas. Un regard critique qui s'y connaît: soie
très fine, très douce; pas le moindre défaut. Les bas viennent rejoin-
dre la combinaison, ce qui décide du sort de quatre nouveaux points

« Ce joli ensemble revient à 16 marks, explique
la vendeuse; et 6 points seulement. — Rien que 6
points? — Mais c'est magnifique! Je vais l'acheter »

« Regarde combien j'en ai encore! » En riant, la blonde
montre sa carte à son amie. D'un total de 150 points, il lui
en reste assez pour acheter autre chose. Et encore . . .

elle s'est acheté cette robe ravissante avec une jupe si large! Au fond, il ne
lui fallait que des bas, mais quand les femmes se mettent à faire des achats . . .
la carte de vêtement ne s'y oppose pas. Et les hommes? . . . Ils y sont habitués

約1943年,「女用的軍毛衣」,《魏爾頓針織》Weldon Knitting Series 雜誌封面 | 針織衣和家庭裁縫不可避免地盛行起來,這是因為使用配給購買毛線要比成衣便宜得多,因此針織衣經濟實用,況且又能表現愛國情操。很多雜誌像是《魏爾頓針織》裡充滿了出勤用的保暖套頭毛衣、舒適的連指手套、頭罩balaclava和禦寒襪子的編織圖樣,全都是軍色系。

1940年,試穿緊身胸衣 | 女兵團為成員提供了一系列若不嫌單調的話可說是很實穿的服裝。然而對很多婦女來說,有制服可穿代表了她們頭一次擁有由好品質布料製成的全身行頭。圖中這件特別設計過的緊身胸衣附有額外的口袋,可讓女性在沒穿制服的時候裝零錢用。

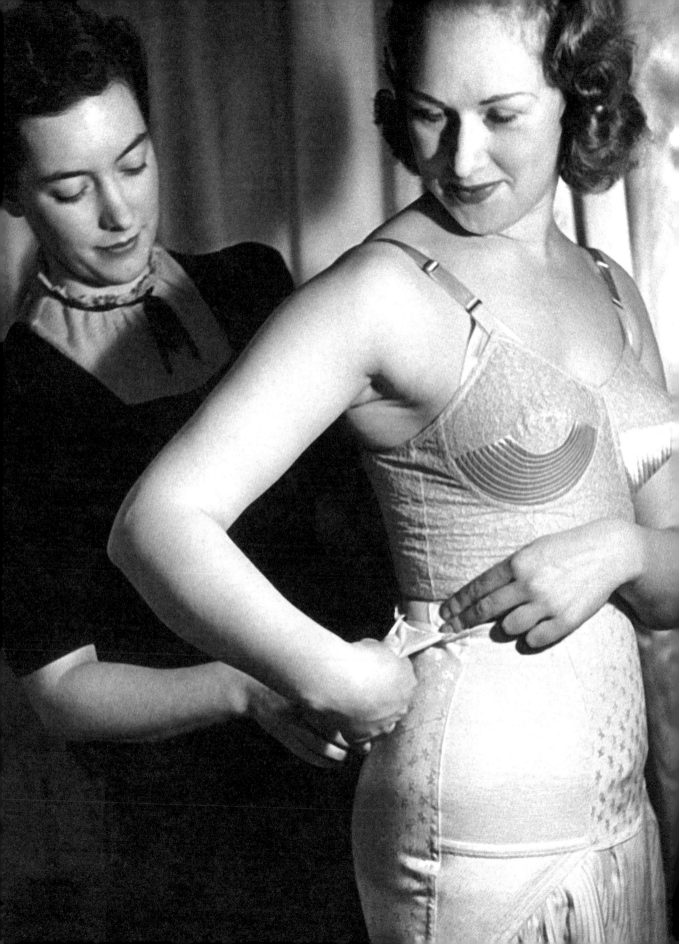

Put your best face forward . . .

To look lovely while you 'look lively' is a big help to good morale,

for good looks and a high heart go together.　Remember, though

Yardley beauty-things usually appear in wartime packings nowadays,

they still have all the qualities you know and trust.

BOND STREET COMPLEXION POWDER
BEAUTY CREAMS · HAND CREAMS
TOILET SOAP　(Lavender & Rose Complexion)
LIPSTICK and Refill　·　ROUGE
TALCUM POWDER (Lavender and April Violets)
They may be difficult to obtain, but they are worth searching for.

If you have any war-time beauty problems write to Mary Foster, the Yardley Beauty Consultant.　She will be very glad to help you.

Y A R D L E Y　·　3 3　O L D　B O N D　S T R E E T　·　L O N D O N　,　W . 1

1940 年代，雅德莉 Yardley 化妝品廣告｜賞心悅目的外表被視為提振軍隊士氣的要素。「展現妳最美的一『面』……」化妝品公司推出可與制服相搭配的唇膏，譬如賽可萊思 Cyclax 就為英國皇家海軍婦女服務團 the Wrens 推出名為「後備紅」Auxiliary Red 的口紅。化妝品會使用到的原料，譬如石油和酒精以及包裝用的紙和塑膠，因為軍事徵用而供不應求。

1942 年，美國陸軍婦女服務團 USA Women's Army Auxiliary Corps 展示制服｜美國陸軍婦女服務團的女兵身穿從男性軍服改良的制服。美國在 1941 年加入戰爭，由於物資短缺，衣服上的佩章和鈕扣是用植物象牙或塑膠做的而不是黃銅製的，儘管如此，一般認為美國女軍服做得比英國的要好。

NIC ET LINE　　　HÉLÈNE VANNER　　　ALIX

1939-1940 年，防護裝 shelter suit，羅伯特・畢凱 Robert Piguet 設計 | 瀟灑時髦的躲空襲防護裝是設計師設計出來的，然而大多數女性還是覺得滑雪裝最實用：保暖是首要考量。穿著這襲羅伯特・畢凱設計的毛料服裝（很可能是一體成型的連身裝 siren suit），披上有格紋布襯裡的連兜帽斗篷，穿著皮草滾邊的靴子，胸前掛著防毒面具，很可能會在巴黎麗池飯店備有皮草地毯和愛馬仕睡袋的防空洞裡大出風頭。

1941 年，尼克埃萊恩 Nic et Line 和海倫・梵娜 Hélène Vanner 設計的童裝，阿莉克絲 Alix 設計的裙裝，摘錄自《法國意象》 *Images de France* 雜誌 | 人們遇到壞天氣捨不得穿皮鞋或膠鞋，木鞋就是常見的選擇，不過在風和日麗的好天氣裡，它也成了最熱門的鞋款。由於法國歷史上曾經發生過不滿的工人脫下木鞋扔進機器裡搞破壞的事，因此在一個被納粹佔領的國家裡，穿上木鞋就被認為是具有愛國情操的表現。阿莉克絲設計的這襲紅白藍三色線條的裙裝也屬大膽的頂風違犯：因為在系列服裝裡用上表示愛國的色彩，1942 年她被當局威脅停業，後來又因為藐視布料用量的限制，在 1944 年被迫關閉工作室一段時間。

1942 年，「越界的高級訂製服」，摘錄自《前進》Marche 雜誌封面｜呂西安‧勒隆在非佔領區的里昂舉辦了一場時尚秀，超過二十位巴黎時裝設計師共襄盛舉，除了展現在法國非佔領區人民的團結一致，同時也吸引中立國的買家前來觀賞下單。直線條與簡約是這場秀的主題，但是模特兒戴的帽子卻極其奢華鋪張。

1944 年，忤抗風格Zazou Style，法國圖中的少女穿著有墊肩的外衣，腰間緊束腰帶，裙襬長度短至膝下，足蹬厚底鞋。克里斯汀‧迪奧在他的自傳裡形容這種風格是：「半存在主義者，半行屍走肉的忤抗」，「正面看去頭上聳立著恐怖的蓬頭亂髮，後腦勺像披著微卷的馬鬃毛……」

1944 年，絲巾纏頭的巴黎女人 | 在戰爭
期間，帽子不受定量配給的限制，女人在
帽子上盡情展現智巧，利用原本不可能用
來製作帽子的原料，譬如紙張和玻璃紙，
揮灑創意。圖中這兩位法國女人的絲巾
纏頭表現出一種活力，她們藉此炫耀著，
即便面對著納粹佔領還是可以保持優雅
時髦，甚至引領潮流的能耐。

ÉCLIPSE DE RACE

LES SWINGS

1942 年，搖擺風潮 *Les Swings* ｜搖擺
小子 the swing kids，或者在巴黎被稱
為忤抗族 zazous，招搖地接受美國文化
洗禮，縱使身受不愛國的指控和暴力威
脅。他們在地下酒吧和俱樂部裡聽班尼·
顧德曼 Benny Goodman 和強尼·艾斯
Johnny Hess 的搖擺爵士，被納粹當局
視為墮落的顛覆份子。女性的忤抗一族
挑釁地畫上大濃妝、戴墨鏡、把頭髮染
成金色，完全無視限額配給的規定。

1939 年，雅格獅丹 Aquascutum 三件套｜這張照片原初附上的文案是：「為戰爭期間騎自行車的女孩設計的三件套。由於石油限量配給，騎自行車的風氣愈來愈興盛，設計師和裁縫師開始裁製適合騎車的服裝。倫敦的雅格獅丹推出了以防水和擋風的盾護布料 scutum 製成的仿男式三件套，其包括了一件外套、一件前面打三個暗褶的裙子，以及一件側邊拉鍊的長褲。這麼一來，女孩子可以穿長褲騎車上班或辦事，到達目的地後再換上裙子。」

1940 年，哈迪·雅曼 Hardy Amies 和模特兒｜圖中年輕設計師哈迪·雅曼在確認他設計的裙子長度符合戰時的規定。他獲准向軍官訓練中心請假，準備他為拉榭思時裝屋 House of Lachasse 發表的春季系列時裝。雅曼於 1946 年在薩佛街創立自己的時裝店，成為英國最知名的設計師之一。

1942 年，實用服 | 倫敦時裝設計師協會成立於 1942 年，其所屬會員接受委託設計簡約實用的服裝。圖中這件毛料外套被認為是維克托·斯戴貝爾 Victor Stiebel 的作品，清楚地呈現出在軍裝風格的影響下，時裝的樣式變得樸素。

1940 年代，哈蒂·卡內基設計的毛料套裝 | 美國設計師哈蒂·卡內基既裁製昂貴的訂製服，也生產好品質的成衣。她以簡潔合身套裝聞名，圖中這套服裝的巧妙處在於三個口袋的擺放、疊領、反摺袖口和鍍金鈕扣。美國的布料限量配給規定大致上比英國的寬鬆，所以布料的用量可以多一些，也容許更多細部的剪裁和裝飾。不過從這套套裝的毛料質地來看，它很可能是在美國實施限量配給之前裁製的，因為戰爭期間毛料大多被用到製作制服上，而根據美國 1942 年頒布的 L-85 節儉條例，天然纖維的使用受到嚴格管制，袖口反摺的樣式也被禁止。

約 1940 年，英國兵工廠女工｜戰爭爆發後，女性再度要替補男人在職場上留下的空缺。圖中這位兵工廠女工穿著連身工作服，為了安全起見，頭髮用髮網和頭巾包裹著。

1943 年，陸軍土地服務隊的姑娘｜陸軍婦女土地服務隊的重要功能在於確保糧食持續生產。她們的制服最明顯的特色是一條棉質燈芯絨馬褲或毛料斜紋防水馬褲。標準的配備還包括粗棉斜紋卡其褲和長外套、厚大衣、防水衣、棉襯衫、褲襪、堅固的鞋、長筒膠靴和一頂帽子。

1943 年，雪梨運送麵包的姑娘 | 粗棉褲
dungarees 和一般長褲因為非常實用，
所以在戰爭期間被廣為穿著。但是女性
穿長褲被認為時髦瀟灑，則是很多年之
後的事了──就當時來說，穿長褲純粹
是基於功能的考量，屬於一種「大後方
的戰鬥裝」。

1944 年，宣導限量配給的小冊子，摘錄自《婦女界》Woman's Own 雜誌的封面 | 為了讓物資能夠平均分配，英國在 1941 年六月實施布料的限量配給。一開始每人每年可獲得六十六英鎊的配給券，但數額隨著戰爭的繼續而下降。

1940 年，戰爭期間，正踏出教堂的一位英國新娘子 | 若不看圖中背景裡被炸毀的房屋，從這位容光煥發的新嫁娘身上絲毫看不出戰爭帶來的困乏。到了 1941 年，因為製作降落傘需要用到絲綢，絲綢被英國政府列入人民禁用的物資。人們有時候會透過黑市購買絲綢，或者用縲縈來代替，不過很多女人乾脆穿制服結婚。

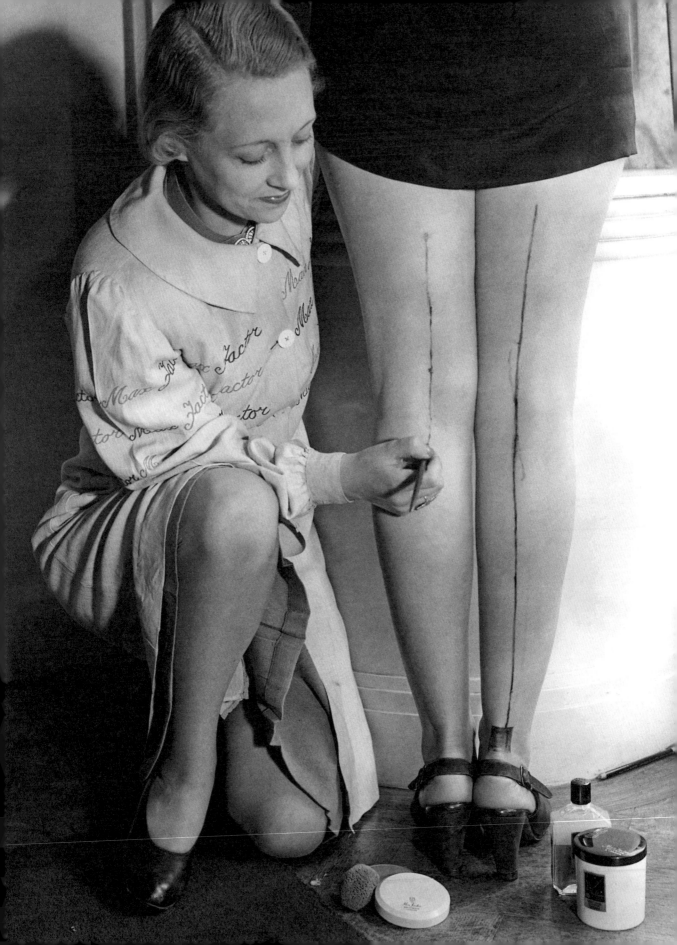

1940 年，蜜絲佛陀推出的腿線筆 | 即便在黑市裡，絲襪也很稀有，要等到 1942 年尼龍絲襪才能在英國買到。包括蜜絲佛陀和伊莉莎白雅頓在內很多化妝品公司推出了腿線筆，好讓女人在腿上勾勒絲襪的縫線冒充，儘管利用棕醬和可可粉來畫便宜得多，效果也一樣好。

1942 年，薩爾瓦多·費洛加蒙 Salvatore Ferragamo 設計的鞋款 | 1930 年代後期，義大利受到經濟制裁，因為無法取得原物料，薩爾瓦多·費洛加蒙開始嘗試用另類素料來製鞋，其中最出名的就是研發出軟木楔型鞋。這張照片展示著他用打褶玻璃紙來做鞋面，拉菲亞樹葉纖維、樹皮、大麻纖維、紙和魚皮則用在其他的設計。

1945-1946 年，克里斯汀·伯納 Christian Bérard 為「時尚劇院」特展設計的舞台場景 | 戰爭結束，巴黎急於取回它時尚之都的地位。超過 50 間時裝屋為這場「時尚劇院」巡迴展覽提供作品，在歐洲和美洲吸引數十萬人潮觀賞。以金屬絲做框架的人偶穿著縮小型的高級訂製服，佩戴首飾和假髮，擺放在頂尖舞台設計師和藝術家設計的舞台模型場景中。

1945-1946 年，卡地亞 Cartier 為「時尚劇院」設計的珠寶 | 為了1946年五月巡迴至紐約的「時尚劇院」開展，許多人偶身上誇示著迷你型的真正寶石首飾。卡地亞「籠中孔雀」的胸飾，嵌在沃斯設計的裙裝上，被解讀為象徵著在納粹佔領下的法國時裝業。

新風貌旋風

「新風貌」的迷人之美，再怎麼誇大都不為過。
我們得到救贖，漂亮的衣服回來了，硬挺的墊肩消失了，
取而代之的是柔軟渾圓的自然肩型、束起的腰線、
長及膝下四吋左右的蓬蓬裙。

蘇珊·瑪莉·艾索普 Susan Mary Alsop
《致巴黎來的瑪莉塔》*To Marietta from Paris*，1947 年出版

**1947 年，迪奧設計的春夏系列「愛戀」
晚宴服** | 第一季新風貌系列裡銷售最成
功的款式之一「愛戀」晚宴服，應雪梨百
貨公司大衛·瓊斯之邀在該公司的 1947
年法國時裝展上展出，而這時裝展也是
該公司在同一年發起的「戀戀巴黎時尚」
Paris Fashions for All 活動之一。在戰爭
結束後，從 1946 年起澳洲買家透過每年
一次的時裝展以及在報章媒體上詳盡報
導巴黎時裝動態，很快地和巴黎時裝界
重新接頭。

1947 年，迪奧的春夏系列「酒吧」｜迪奧在 1947 年二月第一次發表「新風貌」——「花冠」系列——的代表作：山東綢製的合身外衣有著圓潤肩型而且塞了臀墊，長至腿肚的羊毛褶裙，裙幅有八碼寬，幾乎重達五磅。迪奧的設計表現出女性玲瓏有致的誘人輪廓，令人想起十九世紀的裙撐，也重現製作高級訂製服的繁複工法。對某些人來說，新風貌系列猶如在黯淡的季節裡吹進一股清新的空氣，對另一些人來說，在布料仍限量配給，必須儉約度日的情況下，這樣的設計太過奢侈浪費。

1947 年，迪奧的春夏系列「甜心」Ché-rie｜這襲海軍藍塔夫綢的正式午後裙裝，來自新風貌首季系列。迪奧設計的服裝，內部的結構相當精巧講究，有人在穿上迪奧的衣服後宣稱，它合身舒適得不需要再穿內衣。硬挺的薄紗底裙打造出芭蕾舞裙般的效果，迪奧先生將這一系列命名為「花冠」，就是要裙子像花瓣構成花冠一樣圓蓬蓬的，以突顯纖細腰身的性感輪廓。

1947 年，芝加哥的抗議者 | 首次的時裝
發表獲得廣大迴響，迪奧受邀至美國，出
席達拉斯百貨公司內曼·馬庫斯 Neiman
Marcus 的「時尚奧斯卡」活動。這趟美國
行他造訪各大城市，所到之處毀譽參半。
圖中為芝加哥婦女在迪奧下榻的飯店外
示威抗議。

**1948 年，迪奧服飾，賈克·狄馬奇 Jac-
ques Demachy 繪，摘錄自《時尚與手
工》雜誌封面** | 圖中這襲有著金線刺繡和
珠寶鑲飾的絲絨寬短外套，屬於迪奧從
十八世紀風格汲取靈感的「鋸齒」系列。

Christian DIOR. Fourreau de drap noir complété d'un paletot en velours brodé d'or et cabochons barbares.

ÉDITIONS ÉDOUARD BOUCHERIT
10, RUE DE LA PÉPINIÈRE - PARIS

Novembre 1948. - N° 575. - 30e Année
Prix : **40 francs**
IMPRIMÉ EN FRANCE

1952 年，迪奧秋冬系列，「巴爾米拉」Palmyre 晚禮服｜「巴爾米拉」是緞面晚禮服，由金內斯蒂 Ginesty 工坊用珍珠、寶石和銀線刺繡，在時裝製作上會使用到的精湛工藝在這襲禮服上展露無遺。像這樣一件手工刺繡的禮服要花上數星期的時間來完成，下訂單的名人包括溫莎公爵夫人、鄔娜·歐尼爾（卓別林的第四任夫人）和瑪琳·黛德麗。戰後的歐洲又時興起豪奢的舞會，高級時裝屋也隨之受惠，訂單暴增。

1958-1960 年，羅傑・維威耶 Roger Vivier 為迪奧設計的鞋子 | 羅傑・維威耶在細高跟鞋的製作上無人能敵，細跟高跟鞋成為 1950 年代和 60 年代初期最風行的鞋款。他與迪奧的合作成了典範，帶出了從配件到香水等打造女性整體風格的趨勢。維威耶精巧的鞋款多用珠子、寶石或孔雀羽毛裝飾，十分吻合迪奧作品講究精細手工和奢華感的氣質。

1958 年，春夏系列「鞦韆」，伊夫·聖羅蘭為迪奧設計的作品|圖中這襲灰色的羊毛裙和短外套，是由年輕的迪奧接班人伊夫·聖羅蘭所設計，他在迪奧因心臟病過世的幾個月後首度發表的個人系列作品。「鞦韆」系列贏得一片喝采，然而聖羅蘭後續為迪奧推出的幾個系列，在迪奧的老客戶眼裡太過大膽先進，兩年後聖羅蘭被徵召入伍，也從此離開了迪奧。

1957 年，迪奧春夏系列「紡錘」Fuseau
迪奧旗下的模特兒齊聚在蒙田大道 30 號的大沙龍裡，展示迪奧退休前的告別系列。他認為模特兒是他腦中意象的重要媒介：「我的模特兒們賦予我的服裝生命，不過最重要的是，我希望我的衣服幸福快樂。」

1940 年，克里斯托巴爾·巴倫西亞加 Christobal Balenciaga | 1937 年巴倫西亞加從西班牙到巴黎設立時裝屋，很快就名聲響亮，躋身時裝大師之列，連可可·香奈兒也對他讚譽有加。而今他是公認的二十世紀最偉大的時裝設計師之一，享有「衣料的建築師」美名。內向害羞的巴倫西亞加隱身門後經營他的時裝屋，然而他的訂製服卻是巴黎開價最昂貴的，並擄獲一群死忠的客戶。巴倫西亞加的衣服經常透著濃郁的西班牙風情，圖中這一襲鮮紅色羊毛大衣和「西班牙小公主風格」infanta-style 的羽毛頭飾即是一例。

1950 年，克里斯托巴爾·巴倫西亞加設計的派對裙裝 cocktail dress | 圖中是一襲邊緣抽絲的絲綢雪紡紗派對裙裝，配上加了面紗的苦力帽和晚禮服大衣。儘管巴倫西亞加的設計以嚴謹優雅著稱，他也富有實驗精神，憑藉精湛工藝將厚重毛料裁製成外套和套裝，也用絲綢、雪紡紗和塔夫綢裁製成搶眼的晚禮服。

1951 年，克里斯托巴爾・巴倫西亞加設計的晚禮服｜巴倫西亞加畢生致力於探究人體的幾何形狀。圖中這幾套晚禮服令人聯想到羅德列克繪的海報上女體的玲瓏曲線，展現出他在用色方面的過人天賦，尤其是使用黑色。

1957 年，克里斯托巴爾・巴倫西亞加設計的「布袋」裝｜巴倫西亞加設計的「布袋」系列作品，服裝的輪廓自肩部寬鬆的垂下，忽視腰身，顛覆了先前風靡一時的沙漏廓形。他的精練簡約風格頗合許多客戶的意，譬如富甲一方的莫娜・伊斯麥女伯爵，而她當時被公認為世上最有穿著品味的女人之一。1968 年巴倫西亞加關閉了自己所有的店舖時，她傷心地關在臥房內三天三夜。

Création de
Jacques FATH

Mode Travaux

Novembre 1949
31e Année - No 587.

ÉDITIONS ÉDOUARD BOUCHERIT
10, RUE DE LA PÉPINIÈRE - PARIS

Prix : 40 francs
IMPRIMÉ EN FRANCE

1949 年，雅克‧法特 Jacques Fath 設計的外套，皮耶‧穆格繪，摘錄自《時尚與手工》雜誌封面 | 雅克‧法特在 1930 年代於巴黎開設自己的時裝屋，在納粹佔領期間仍繼續營業。他的設計以大膽活潑聞名，就像圖中這襲躲貓貓式衣領，以黑色軟毛料做面料，硫黃色毛料做內裡的寬鬆外套。

1951 年，雅克‧法特設計的晚禮服 | 法特設計的晚禮服也相當出名，他和同時身兼他的模特兒的美麗太太珍黎雅，經常周旋於菁英圈之中，為社會名流設計服裝。繁複的剪裁技巧，嵌接反差性大的布料和精巧的裝飾，讓人聯想到十九世紀服飾的大量點綴，以及溫特哈爾特 Winterhalter 的仕女肖像畫裡的線條。法特在 42 歲英年早逝，事業也戛然畫下句點。

1954 年，皮爾·帕門 Pierre Balmain 設計的派對洋裝和配件｜圖中這襲黑色天鵝絨面料，配上可拆式鏤空蕾絲 guipure lace 披肩的派對洋裝，是帕門「美麗佳人」jolie madame 風格的代表作，這一風格的服飾在螢光幕上效果絕佳。在 1947 年至 1969 年間，帕門為多部電影設計服裝，許多明星譬如瑪琳·黛德麗、蘇菲亞·羅蘭和碧姬·芭杜都成了他的客戶。

1952 年，紀梵希設計的單品｜散發貴族氣息的紀梵希在時裝圈迅速崛起成名。1952 年，年方 25 歲的他首次推出作品便贏得讚譽，在該系列裡他以簡單布料設計出青春洋溢的服裝，包括圖中這一件袖子飾有層層荷葉邊的俏皮襯衫。他曾在巴倫西亞加麾下學習，始終視巴倫西亞加為導師，巴倫西亞加退休時，還把自己的客戶介紹給紀梵希。

1956 年，奧黛麗·赫本身穿電影《甜姐兒》裡由紀梵希設計的服裝｜紀梵希和影星奧黛麗·赫本的長期友誼和合作關係，可說是他時裝事業的精采篇章。圖中這張照片是電影《甜姐兒》的宣傳照。奧黛麗·赫本充滿靈氣的臉龐和纖瘦苗條的身材，十分符合他青春洋溢的風格，照片中，她穿著短上衣、煙管褲和芭蕾舞平底鞋（她總穿著平底鞋，免得身高太突出──費洛加蒙設計的「赫本鞋」，仍是最暢銷的鞋款）。不論幕前或幕後，赫本的穿著一直由紀梵希負責打點，直到她在 1993 年過世。

1953 年，伊莉莎白·泰勒身穿芳塔納時裝屋 Fontana 設計的派對洋裝｜圖中伊莉莎白·泰勒在羅馬的芳塔納姊妹時裝沙龍裡試穿一件派對洋裝，該時裝沙龍創立於 1943 年。芳塔納時裝屋為來到附近的辛奈西製片廠拍片的很多女星打理戲服，這些女星包括奧黛麗·赫本、安妮塔·艾格寶 Anita Ekberg 和艾娃·嘉德納 Ava Gardner；這些明星在幕前幕後的衣著，把義大利風時裝介紹給更廣大的觀眾。

1955 年,卡羅薩 Carosa 設計的外衣和裙裝,摘錄自《哈潑》雜誌 | 二戰結束後不久,義大利時裝業隨著一年兩次在佛羅倫斯舉辦的時裝秀而逐漸復甦。羅貝托·卡普奇 Roberto Capucci、卡羅薩 Carosa(裘凡妮·卡拉秋洛公主 Princess Giovanna Caracciolo)、亞伯托·法比恩尼 Alberto Fabiani 和席夢塔·薇絲康提 Simonetta Visconti 夫妻檔、艾琳·葛莉辛 Princess Irene Galitzine(闊腳褲 Palazzo pants 的發明者)、芳塔納姊妹、普奇和范倫鐵諾·葛拉凡尼 Valentino Garavani 為義大利訂製服時裝奠下基礎。

1959 年,艾密利歐·普奇 Emilio Pucci 和他的模特兒們 | 佛羅倫斯貴族艾密歐·普奇從設計滑雪裝起家,他的運動休閒服很快受到全球富豪青睞,他經典的絲襯衫和卡布里褲(capri pants,即七分褲)(他的第一家精品店就在卡布里島)就是人氣產品之一。其色彩繽紛的漩渦印花設計,無意中讓迷幻年代提早到來。

LONDON'S LINE

Michael Sherard

Digby Morton

FUR-TRIMMED—Michael Sherard edges his grey flecked tweed travelling coat with grey and white rabbit fur—lines it with darker jersey. The suit is in his bright " winter pink," worn with a grey and white striped blouse, red satin tie. Special mention : the handstitched pockets on the suit—capacious one on the coat sleeve.

THE COCOON—This dramatic circular coat has a high scarf collar and curved sleeves, and wraps round to give the cocoon shape. Digby Morton fashions it in velours cloth, in his new bricky colour, Tudor pink. Others were shown buttoning all the way down to a narrowing hem.

LONDON'S LINE

Silhouettes are slim, waisted, with a barrel line

Sigrid

Victor Stiebel

Charles Creed

THE "EXIT SKIRT"—shown above in Victor Stiebel's double breasted tweed dress, brown and white flecked, with fullness in the three back pleats at one side. With tobacco brown goes black. Black leather for the buttons and the shaped belt. Black chiffon for a handkerchief to point the new double pocket. And black velours for the little cloche hat.

THE WAISTCOAT BLOUSE—Charles Creed makes a feature of it. Tucking in like a blouse at the back, but with squared waistcoat fronts, this one is in gold silk shot with pink. Worn under a black velvet suit, trimmed with silk braid. Stiffened and slit hip pockets make the slight "barrel" line. The asymmetric hat is by Vernier.

1950 年，莫頓和薛拉德設計的「倫敦系列」，席格瑞德 Sigrid 所繪，摘錄自《婦女期刊》 *Woman's Journal*｜ 左圖是迪格拜・莫頓 Digby Morton 為女性設計的時裝，因為把功能性時裝提升至時髦層次而馳名。他最先在創立於 1928 年的倫敦拉榭思時裝屋擔任設計師，於 1930 年自創品牌。麥可・薛拉德 Michael Sherard 自 1946 年至 1965 年經營自己的品牌，圖中剪裁簡潔的套裝和袖口有口袋、皮草內襯的旅行大衣，展現出設計師的功力也兼顧了實用性。

1950 年，由斯戴貝爾 Stiebel 和克利德 Creed 設計的「倫敦系列」，席格瑞德所繪，摘錄自《婦女期刊》｜ 南非出生的斯戴貝爾在二戰結束後重新開張了位於倫敦的時裝屋，尤其以時髦有型的晚禮服著名，圖中是一襲白天穿的「外出裙」。身為歷史悠久的時裝屋克利德的接班人，查理斯・克利德 Charles Creed 以高品質的訂製衣延續家族事業的聲譽。

1950 年，哈特奈爾和雅曼設計的「倫敦系列」，席格瑞德所繪，摘錄自《婦女期刊》｜圖中為宮廷裁縫師設計的兩款晚禮服。諾曼‧哈特奈爾在 1938 年被指派為皇家御用設計師，他為女王伊莉莎白二世設計很多服裝，包括她的婚紗和加冕禮服，同時也為王太后和瑪格麗特公主設計服裝。哈迪‧雅曼也為女王和她的妹妹打理服裝，他在 1955 年被指派為皇家御用設計師。這兩位設計師後來都因為稱職出色的表現被皇家授予爵位。

1952 年，晚禮服的底裙｜纖纖細腰的沙漏輪廓需要底層內衣來雕塑身形。女人還是需要穿束腹褲 girdle 或緊身褡，加上個別的胸罩和襯裙。圖中這件無肩帶的巴斯克式緊身馬甲是專為晚禮服設計的，連著吊帶襪。

LONDON'S LINE

Hardy Amies

Norman Hartne

BARE BACK. V neck at the back of Hardy Amies' steel grey satin cocktail dress "Toledo Blade"—formed by two draped panels, making one with the sleeve in front, crossing at the waist and hanging just below the hem of the draped skirt—a lovely back line. Embroidered pockets stand out from the skirt to emphasize the hip. Sleeves are long, light and wrinkled.

BARE SHOULDER. Half a bolero is better than one—and supplies the other sleeve on Norman Hartnell's rich gold satin evening dress "On the Side." Encrusted embroidery on bolero and bodice—rows of copper sequins. The skirt, drawn across to one hip in an immense bow, shows the tight, clinging line.

1956 年，瑪格麗特公主｜瑪格麗特年輕時既標緻又有時尚感，她的身材嬌小，很適合新風貌風格。她是倫敦設計師譬如哈特奈爾和雅曼的主顧，也會買巴黎時裝，但是她出訪非洲穿的衣服，包括這件棉質洋裝，卻是哈洛克西斯時裝 Horrockses Fashions 出品的。

SUNSHINE CLOTHES FOR SUNNY LAND

1953 年，哈洛克西斯時裝設計的印花棉質連身裙 | 哈洛克斯出品的「印花棉質連身裙」是 1940 年代晚期至 1950 年代英國中產階級女性的必備品。其改良過的新風貌輪廓，精細的做工，以及由藝術家譬如格雷厄姆·薩瑟蘭 Graham Sutherland 設計的印花圖樣，使得它成為必備的夏裝。當皇家成員穿著這些連身裙的照片被刊登出來，銷售量扶搖直上，甚至帶動了度假套裝行程和出國旅遊的風潮。

1954 年，「陽光之鄉的陽光裙」，女王身穿哈洛克西斯時裝出品的印花棉質連身裙，摘錄自《圖片郵報》 | 從小穿著斜紋軟呢和樣式簡單的連身裙長大，女王和她的妹妹在衣著的選擇上極為老練靈活，除了出席重大場合的高級訂製服，她們也穿中價位的製衣廠出品、較為平價的衣服。女王在 1954 年的英聯邦之旅，除了穿戴哈特奈爾和雅曼設計的服飾，也穿著圖中這件棉質的夏裙裝亮相，這件夏裝來自哈洛克西斯公司成衣系列，價格不到 5 英鎊，雖然女王身上這一件是量身訂製的。

1954 年，維吉妮雅・拉榭思小姐 Miss Virginia Lachasse 和她的衣櫃 | 1950 年代，維吉妮雅・拉榭思小姐在全國各地巡迴展出，為「大倫敦盲人基金」募款。維吉妮雅・拉榭思小姐是一尊小蠟像，目前存放在英國巴斯的時尚博物館，她那些按比例縮小複製的衣物是由拉榭思時裝屋所製，從圖中可一窺那個年代的女士重要的隨身衣物，其中包括皮草外套、雅德莉化妝品的化妝盒和一盒色彩繽紛的派對香菸。

1955 年，倫敦一群要參加成年禮的少女，穿越皮卡迪利 Piccadilly 大街前往柏克萊舞會 | 二戰之後，倫敦的社交季依然是社會生活不可或缺的一環，「在社交圈露臉」是很重要的成年禮，需要大量的華服，如果家庭負擔得起的話。然而，拍下這張照片之後不過三年，1958 年在宮廷舉行的成年禮成為最後一次。在社會的快速變遷下，社交季活動變得不合時宜。

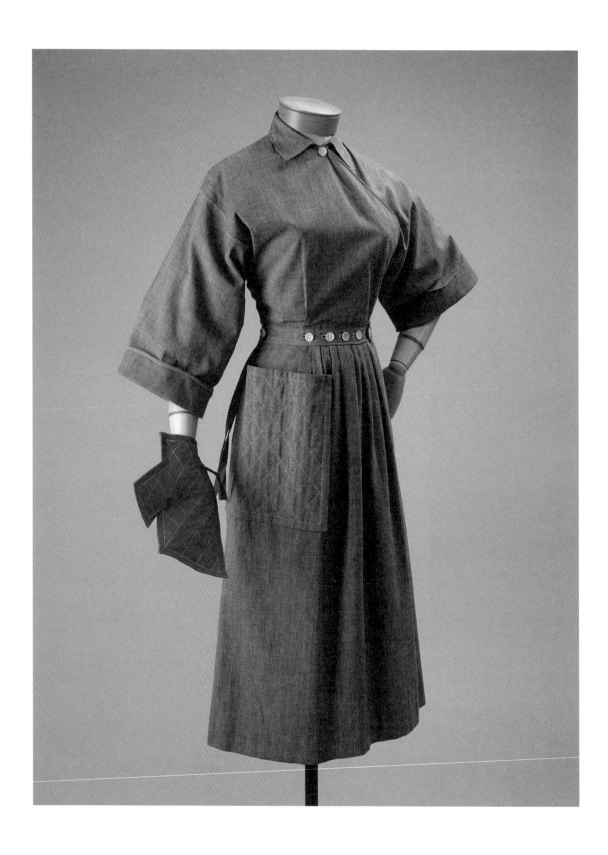

1942 年,「泡泡芙」裝,克萊兒·麥卡戴爾 Claire McCardell 設計 |「泡泡芙」裝是為了參與抗戰工作的婦女設計的萬用工作服,不管是上職場或從事家務都實穿。由丹寧布裁製,在臀圍的一側有一只紉縫口袋,並附有一只隔熱手套。它可以單穿,也可以套在其他衣服外面。售價只有 6.95 美元,因此在美國非常暢銷。

1946年,襯衫型上衣的連身裙 shirtwaister dress,克萊兒·麥卡戴爾設計 | 克萊兒·麥卡戴爾採用耐用的布料製衣,譬如單寧布、泡泡紗、棉布、床墊布和碎格子布,並以她設計的襯衫型上衣的連身裙聞名,例如圖中這一件,其巧妙之處在於把素面和條紋布拼接在一起。她這種混搭、多功能的設計,使得衣著的用途廣泛。在美國帕森斯設計學院以及巴黎受過訓練,並與哈蒂·卡內基共事,克萊兒·麥卡戴爾是湯利裙裝 Townley Frocks 的設計師。

1947 年，晚裝，由克萊爾·波特 Clare Potter 和桃樂絲·考克斯 Dorothy Cox 設計 | 由兩位美國成衣設計師設計的兩件夏季晚裝，左側是克萊爾·波特設計的流暢雅緻的上衣和褲子，右側是一襲亞麻裙裝，合身的上衣和柔軟的長裙都有鋸齒形飾邊，由桃樂絲·考克斯設計。平底涼鞋完美地修潤出現代感。

1948 年，邦妮·卡辛 Bonnie Cashin 設計的服裝 | 邦妮·卡辛早年闖蕩好萊塢，從 1943 年至 1949 年在二十世紀福斯製片公司擔任服裝設計師，1953 年，她和飛利浦·席爾斯 Philip Sills 創立自己的時裝公司。圖中在短外套和裙子底下配一件佈有白色圓點的海軍藍「愛斯基摩褲」，展現出她的古怪風格。

1948 年，束腰裙袍，由蒂娜‧列瑟 Tina Leser 設計 | 在檀香山經營休閒服店鋪起家的蒂娜‧列瑟，在 1940 年代初靠著在薩克斯第五大道百貨公司熱賣的一件棉質連身短褲，在紐約一炮而紅。圖中，這件樸素的平針織布束腰裙袍，配上了有畫龍點睛之效的金屬光澤腰帶和繫帶涼鞋。

1949 年，晚禮服，特雷納 - 諾雷爾 Trai-na-Norell 出品|因為對美國本土的時尚越來越有信心，美國成衣設計師開始在設計作品上掛名。曾經在哈蒂・卡內基麾下工作的諾曼・諾雷爾，和特雷納製衣廠達成協議，同意砍掉一部分的設計酬勞，換取在標籤上掛名的機會。在 1950 年代，他因設計一款鑲亮片閃閃發光的魚尾裙而聲名大噪。

1949 年，波莉娜・特里蓋里 Pauline Tri-gère 設計的外套|在她漫長的設計生涯裡，波莉娜・特里蓋里以精湛的裁製技巧著稱，尤其是外套的剪裁。例如圖中這件有著搶眼的棋盤格紋蝴蝶袖外套，是以斜裁的方式剪裁，縫線在背中央，好讓手臂有大幅度的揮擺空間。

1949 年，裘瑟·沃克 Joset Walker 設計的襯衫和裙子 | 圖中這一襲柔軟的印花襯衫，有著壓褶的圓兜式前襟，下身配上直桶長裙，腰間用皮帶把上下身束攏起來。繡花的淺口鞋完美妝點了這套清新雅緻又洗練的裝束，設計師乃法國出生的裘瑟·沃克，向來以善用民俗風的織品出名。她曾在好萊塢和百老匯以及薩克斯第五大道百貨的劇裝部門擔任服裝設計師。

1953 年，「幸運草」晚禮服，查爾斯·詹姆斯設計 | 在英國出生的查爾斯·詹姆斯在紐約闖出名號，以繁複的剪裁和高超的建構技巧著稱，創造出以結構取勝，而不是靠表面裝飾的禮服。圖中「幸運草」或「抽象」晚禮服，由乳白色緞子和黑絲絨面料製成，最初的訂購人是小藍道夫·賀斯特夫人 Mrs. Randolph Hearst Jr.。

1954 年，葛麗絲·凱莉在電影《後窗》裡身穿伊迪絲·海德 Edith Head 設計的禮服有著模特兒身材和冰霜般的冷豔外表，葛麗絲·凱莉體現了純然美式的時髦優雅。1956 年她下嫁摩納哥雷尼爾親王，從好萊塢明星變身成童話般的公主，全世界為之陶醉瘋狂。在希區考克的電影《後窗》裡，她的戲服由伊迪絲·海德一手打理，海德是好萊塢最成功的時裝設計師之一，曾贏得八座奧斯卡金像獎。

1946 年，美國芭比短襪族 | 這照片的原始文案是：「超過 6000 名青少年當中的少女，所謂的芭比短襪族，為了參加首場的『嬉戲年少』teen-frolics 系列活動，今天出現在紐約的第七軍團槍械庫，圖中少女圍著正在吉魯巴舞比賽伴奏的班尼·顧德曼和他的樂隊。其中有些少女手拿著『搖擺之王』的照片等著他簽名。公民團體相信，為美國青少年舉辦的這些娛樂活動有助於降低青少年犯罪。」

1945 年，摘錄自《少女版哈潑》Junior Bazaar 雜誌 | 1945 年由賀斯特集團發行的《少女版哈潑》，雖然僅發行三年，但卻是特別鎖定少女的一本影響力十足的時尚雜誌。高品質的製作（裡頭刊登了里察·亞維登 Richard Avedon 早期的時尚攝影作品），加上在卡梅爾·史諾 Carmel Snow 領軍指導下，該雜誌顯示出二戰結束後時尚設計師、時尚編輯和媒體對青少年市場的重視。

1949 年，《十七歲》雜誌 | 自 1944 年開始發行的《十七歲》雜誌，至今仍在全世界廣泛流通，讀者鎖定在戰後時期擁有強大消費力的十多歲少女。隨著雜誌內容聚焦於法蘭克·辛納屈特別報導、好萊塢花邊新聞和高中生最新流行，顯示出越來越多的美國製衣公司開發了青少年服飾系列，而且在百貨公司裡設有專櫃銷售。

**1955 年，肯·羅素 Ken Russell 拍攝的
叛逆女孩 Teddy Girls**｜戰後的歐洲花
了很長一段時間重建，從電影導演肯·
羅素所拍的這張照片可見一斑。圖中一
群叛逆女孩在倫敦被炸毀的一處廢墟
留影。她們全都一個樣兒，從身上的外
套、褲腳捲起的牛仔褲和平底鞋，而更講
究穿著的叛逆女一族，則會把新愛德華
時期的陽剛打扮、新風貌的苦力帽和綁
帶的帆布面草編鞋，突兀地混搭起來。

1958 年，英國披頭族 beatnik｜青少年
次文化被音樂統合為一體──爵士、鄉
村樂、搖滾樂──而每一種音樂風格都
有自成一格的服裝。圖中這兩位女孩穿
著鬆垮的寬敞毛衣、及膝的格子裙、黑褲
襪、戴著長串珠鍊和連兜帽的粗呢大衣
dufflecoats（反抗現有體制運動的代表
裝束），把披頭族和民俗風融合起來。

1959 年，英國的芭莎 Bazaar 精品店｜瑪莉官，戰後英國藝術院校的科班生，在 1955 年於國王路上開設了她的第一家精品店「芭莎」，那裡很快成為「喬爾西幫」Chelsea set 流連的場所。在藝術、設計和音樂裡湧現的新活力與熱情逐漸掃去戰後的陰霾，就像二十世紀初期巴黎的盛況。風起雲湧的青少年文化挑戰著舊體制，而時尚正是這一場變革的催化劑。

1960

　　1950 年代中期，歐洲經濟持續復甦。英國的城市仍有不少斷垣殘壁，但是就業率上升，連帶的民眾收入增加，也有閒暇餘裕。英國政府撥款補助進修教育，活力十足的新生代從藝術與設計學院畢業，他們挑戰權威，造就出「搖擺倫敦」風潮。革新氣象滲透到流行文化裡，從媒體、音樂、戲劇和電影，乃至於家具和家用品，然而顛覆和改革氣息最濃厚的，就屬時尚的領域：年輕女孩不想穿媽媽輩的老式衣服，她們穿戴能夠展現青春、叛逆和玩樂精神的服飾。

　　瑪莉官（Mary Quant）是 1950 年代倫敦的時裝設計師先鋒之一，也是大膽創新的實業家。儘管在藝術和插畫方面學有專精，但是她承認，一開始時她對時尚的產製毫無所悉。然而憑著一股初生之犢不畏虎的精神，她成功地融合了次文化裡的摩德風（Mod style）和汲取自愛德華風格校服和少女舞衣的靈感，使用府綢、格紋棉布和平織布等原本不會用來當面料的布品，做出線條簡潔俐落的洋裝。她也在女貼身內衣褲、褲襪和化妝品進行了瑪莉官式獨到的革新設計，而且在包裝上以黑白兩色來呈現其品牌經典的雛菊圖案。1965 年她的美國之行推升了「英倫風貌」，而「英倫風貌」的代表人物還有「伏耶和圖芬」（Foale & Tuffin）以及創立碧芭時裝店（Biba）的芭芭拉·胡麗姬（Barbara Hulanicki），他們設計的服飾在「全身行頭」（Paraphernalia）精品店時髦的紐約分店裡販售。1960 年代初期攝

1965 年，聖羅蘭設計的「蒙德里安」洋裝｜聖羅蘭推出的「蒙德里安」洋裝，靈感來自荷蘭表現主義藝術家蒙德里安，成功地把藝術和時裝結合在一起，把布料當畫布大膽揮灑想像力，但是它的簡潔造型也導致廣泛的仿製。

影師大衛・貝利（David Bailey）和超級名模珍・詩琳普頓在曼哈頓拍攝的一系列時尚照片，以及 1964 年披頭四和滾石合唱團等英國新銳熱門樂團的巡迴演出，這些都是 1960 年代前半在美國颳起旋風的「英倫入侵」之寫照。

受到勞工薪資上漲和富豪客群減少的雙重夾擊，巴黎時裝設計師不得不體認到，時裝屋要繼續經營下去，必須納入青少年時尚和較平價的時裝，因此很多設計師成立了成衣產品線（prêt-à-porter）。許多新銳設計師開始嶄露頭角，其中有些在老牌時裝屋當過學徒。聖羅蘭在 1962 年首度掛自己的名字發表系列新品，一鳴驚人，寫下歷史。他持續在二十世紀後半引領風騷，成為時尚泰斗，從中性長褲套裝、將近裸透的服飾，到七〇年代從民俗服飾、藝術、文學和音樂發想的一系列風格奢華的服飾，樹立了一座又一座的里程碑。

1966 年，聖羅蘭創立了名為「左岸」的成衣產品線，並在名稱由來的塞納河左岸開設精品店來銷售，為具有波西米亞風的這一區挹注青春活力，以此跟高級時尚屋有著很深的歷史淵源、貴氣逼人的塞納河右岸分庭抗禮。在「太空時代」的鼓舞下，安德烈・庫亥吉（André Courrèges）、艾曼紐・溫加羅（Emanuel Ungaro）、帕可・拉巴納（Paco Rabanne）和皮爾・卡登，紛紛使用起合成布料。拉巴納創造出閃閃發亮的塑膠亮片洋裝，卡登設計不分男女的服裝來表達他對未來的想像，庫亥吉推出白色和銀色的超低腰長褲配上鞋尖被切出開口的白靴，和名為「日蝕」的墨鏡。究竟是誰發明了迷你裙始終是個爭議：瑪莉官從創業開始，她所設計的短裙下襬就是節節往上升；然而一般還是歸功於庫亥吉在 1965 年系列新品引進迷你裙；不論如何，不爭的事實是，迷你裙在 1960 年代中葉大行其道，而且在 1967 年短到極致。正如迪奧在多年前說的：「沒有人能改變時尚，時尚是自己改變的。」只不過不同以往的是，時尚的改變不再由高級時裝屋主導，而是反了過來，由街頭時尚影響頂尖的時裝屋。到了六〇年代尾聲，大多數人體認到，包括時裝設計師在內，高級訂製服已經沒落，除了全球少數的名媛貴婦之外，和所有人都格格不入。

紐約也一度引領風騷：時尚界吹起了普普藝術風潮，安迪・沃荷的「工廠」工作室是這股風潮的中心。「全身行頭」精品店於 1965 年開張，引進英國設計師和美國新銳設計師的服飾，並鼓勵這些設計師盡情馳騁創意。這家精品店變成了「一齣持續不斷的即興劇」（a continuous happening），進進出出的都是酷極一時的潮人，背景裡盡是震耳的音樂、熱舞的模特兒和最前衛的室內裝潢，到了 1966 年，

「全身行頭」的分店已遍布全美各地。隨穿即丟的紙洋裝可說是當時流行文化的最佳縮影：人們不再崇尚經典服飾，而是迷上了有趣、平價、隨穿即丟，可以在派對和迪斯可舞廳等這些紐約地下場景裡豔驚四座的衣服；有些舞廳甚至標榜有精品服飾店進駐，顧客可以當場換上夜生活需要的新裝。傑佛里‧比尼（Geoffrey Beene）、魯迪‧吉恩萊希（Rudi Gernreich）等更多成名的美國設計師從青少年文化借點子，吉恩萊希就曾說過，他不過是借用在他看來是「小孩子拼湊的」東西，加上他個人的設計，把它做得新潮時尚。

倫敦的精品服飾店也迅速增加。國王大道為流行時尚圈的菁英提供了後來成為米克‧傑格（Mick Jagger）女友的瑪麗安‧菲絲佛（Marianne Faithfull）所形容的「漂亮羽毛」，而卡納比街則以快時尚著稱，徹底顛覆了時裝零售業的產銷方式。肯辛頓街的碧芭時裝店成了年輕時髦女工的朝聖地，她們甚至花掉一整週的薪水來為週六夜生活治裝。碧芭最後演變成「大碧芭」，它是最早標榜整體造型的生活風格店家之一，但前後只維持兩年，就因為財務困難在 1975 年關門大吉。1960 年代初期的摩德風演變成較為柔和的風格，形成一股懷舊風，緬懷起維多利亞時期、新藝術運動和 1920 年代頹廢氣息，從碧芭推出的黃褐色調浪漫皺綢和絲緞衣裳、羽飾圍巾、荷葉邊帽和狐媚感的妝容可見一斑。

1964 年，提摩西‧里瑞（Timothy Leary）說出了永垂不朽的名言：「激發熱情，向內探索，脫離體制」，這句箴言後來成了美國西岸的嬉皮反文化運動口號。在這一波風潮裡，重金屬的普普藝術美感的影響力，不如毒品所產生的迷幻意象、音樂和以舊金山為中心的集體文化來得大，在這裡，炫耀性的節儉蔚然成風。古董披肩、老式制服、從義賣店找到的東西、美國印地安服飾的流蘇和充滿異國風情的誇張服飾，混搭著客製化的紮染、刺繡、鈎針編織，以及從遠至印度的「嬉皮之路」自助旅買來的奇異鈴鐺和珠串，而且全都帶有廣藿香油的氣味。提倡和平反戰的「花的力量」在 1967 年的「愛之夏」達到顛峰，披頭四和滾石樂團也在同年分別推出《比伯軍曹寂寞芳心俱樂部》和《應撒旦陛下之請》專輯，向迷幻藥 LSD 致敬。新一代設計師也熱衷於來自迷幻意象的彩虹色和漩渦形織品印染，或從非西方的民俗傳統服飾汲取靈感，譬如聖羅蘭在 1967 年推出的「非洲」系列。艾密利歐‧普奇、范倫鐵諾、桑德拉‧羅德斯（Zandra Rhodes）、比爾‧吉布（Bill Gibb）等等很多設計風格迥異的設計師，也紛紛吸取了嬉皮美學，但是嬉皮風「自己動手做」的本質，很難在具設計感的服飾上複製出來：

1986 年，名模伊瑪 | 出生於索馬利的伊瑪，圖中從上到下一身牛仔勁裝，在 1979 年成為史上首位登上《風尚》雜誌封面的黑人模特兒。時至 1980 年代，眾多設計師和時裝品牌以旗下牛仔品牌，譬如葛羅莉‧范德比 Gloria Vanderbilt、奇比 Chipie、庫柏 Stirling Cooper 和費歐魯奇 Fiorucci，加入了牛仔裝大戰，和藍哥、Levi's、CK 和 Lee 等老牌一較長短。

1986 年，倫敦的嘻哈迷｜客製化的粗藍布工作褲、棒球帽和運動鞋，顯示出運動服和工作服的混搭成了嘻哈風格的基本造型。

真正的嬉皮風格服飾需要不拘一格地把布料和配件拼接起來，創造出某個信手捻來揮就而成的全新衣物。儘管如此，嬉皮風格仍具有影響力，經常在流行力道有減無增的復古風裡出現，當今還是有很多時尚設計師的產品主打嬉皮風格。到了 1960 年代末，商業體制收編了嬉皮文化，很多「美麗人兒」退出這項運動，隨著石油危機、經濟危機、失業率攀升、持續的越戰、學生抗議、黑人權利運動和爭取民權的風潮隱隱然逼近，這一場文化運動只剩下夢想幻滅後的憤世嫉俗。

1970 年代，時尚界持續向歷史取經，從維多利亞時期到對 1940 年代風格的華美演繹，與此同時丹寧布的運用和運動服飾也顯著增加。從前只有美國工人和小孩才穿的牛仔褲，在 1950 年代好萊塢賣座電影和貓王等搖滾巨星的影響下，全世界青少年開始群起仿效。很快地牛仔褲成為年輕人的必備品，風格樣式千變萬化，可以在叛逆、從眾、一致、變裝、中性和性感之間，自由變換服裝所透漏的意涵，它既是日常衣服，也可以是高級時尚，甚至是時裝設計師操刀的作品。

在二十世紀後半葉，運動服對時尚界的影響更為深遠。從 1970 年代興起的健身熱，讓緊身衣、暖腿套、頭帶等從前只有在運動或練舞時才穿戴的衣物進入了主流時尚，甚至打入迪斯可舞廳。一直在紐約運動服設計師當中引領潮流的唐娜·凱倫（Donna Karan），為上班女郎和職業婦女設計出更簡潔俐落的衣著，推出了以舒適的平針織布裁製的迷你系列（capsule collections）。這系列的「軀幹」部分借用了緊身衣，外面可以套上加墊肩的「女強人風格」西裝外套，也可以搭配舒適的休閒長褲，甚至搭上牛仔褲。1980 年代，黑人嘻哈迷借用了足球衣和繡有數字及球隊標誌的棒球衣帽，運動服在時尚界颳起旋風，主打運動服飾的品牌譬如湯米·席爾菲格（Tommy Hilfiger）應運而生，從此熱銷不墜。

運動鞋、輕薄尼龍套裝（shellsuits）和田徑服從運動場來到大街上，成為常見的休閒服。橘滋時裝（Juicy Couture）將田徑服變成時髦奢華的便服，是名流最愛的休閒服。在二十一世紀，織品科技最偉大的革新進步，從可以吸濕排汗、調節體溫和塑身的高機能布料，到模擬鯊魚表皮的流體動力原理提高泳裝性能的速比濤（speedo）「鯊魚皮」（fastskin）泳裝，都是來自運動服製造商的研發。

薇薇安·魏斯伍德最初在 1976 年推出的「叛亂分子」系列，點燃了龐克熱潮，這是女性首度在衣著、行為和才能享有平等權利的次文化運動。彷彿對傳統服裝賞了一記耳光，龐克顛覆了陰柔之美的概念，賦予人們選擇如何裝扮外表的自由。受到戀物癖、帶有些許鄉村

2009 年，在原宿街頭的哥德羅莉塔裝扮│羅莉塔風格和哥德羅莉塔風格，是在維多利亞風格和具有洛可可元素的服裝裡揉合小女孩的稚氣可人。這是日本街頭最流行的服飾風格之一，而且和大白兔或超級英雄等以動漫人物為摹本的同人誌裝扮交融一氣。

搖滾風格的繃帶裝、人體穿環、撿拾素材和法西斯象徵的啟發，龐克表達了對嬉皮式彩虹襤褸衣的徹底反感，在服飾上掀起一波空前絕後的無政府式掃蕩與顛覆。新浪漫風格（New Romantics）更造作的打扮，哥德搖滾風（Goths）的黑色哀傷、瑞舞客（Ravers）的蓄意隱匿、新世紀浪跡者（New Age Travellers）的再現嬉皮風，甚至落拓風（Grunge）之中既可愛稚氣又粗獷放蕩的「乖巧浪女」（Kinderwhore）風格，都不如龐克風潮那樣驚世駭俗。魏斯伍德之所以成為一頁傳奇，是因為她讓次文化和街頭穿著變成豐富資源，激發了高級時尚設計師的靈感，從尚‧保羅‧高提耶（Jean Paul Gaultier）到馬克‧賈伯（Marc Jacobs）等這些設計師的作品裡都可以明顯感覺到這股影響力。在 1980 年代，許多報導倫敦藝術學院和地下俱樂部文化的豐沛創意雜誌紛紛出籠：《i-D》（於 1980 年創刊）、《Blitz》（於 1980 年創刊）、《臉》（The Face，於 1981 年創刊）和《場域》（Arena，於 1986 年創刊），成為新一代時尚攝影師、編輯、造型師、新銳設計師諸如年輕的約翰‧加利亞諾（John Galliano）嶄露頭角的舞台，而 1980 年代初在巴黎發表時裝闖出名號的日本設計師也重新定義了時尚。其中有一些是從原宿發跡，包括創立「宛若男孩」品牌的川久保玲。東京原宿地區創意薈萃，孕育著生機勃勃的街頭文化，在那裡不同的衣著風格兼容並蓄，各自有其繁複的服飾語彙。從哥德羅莉塔（Goth Lolis）「小女孩般」的維多利亞風，和打扮成動漫人物的同人誌服裝，到擁戴關‧史蒂芬妮（Gwen Stefani）原宿女孩的十九世紀學校制服風：穿上街頭舞台的服裝依然層出不窮，只是不再驚世駭俗。

　　到了 1970 年代末期，紐約和米蘭躍升為世人公認的時尚首都。時尚屋成立高級成衣線和香水、墨鏡和化妝品連鎖店，以多元化經營來維持營收。巴黎作為時尚之都的地位依然屹立不搖，這是因為她的裁縫業有著深厚的歷史傳承而根基穩固，再加上從業人員技藝精湛，況且時尚一直是法國文化很重要的一環：例行的一年兩次的時裝秀，也就是在春夏和秋冬兩季舉辦的時裝週，巴黎仍然是首要的舞台。

　　紐約延續著美式運動服的傳統，其雅緻的極簡風格以豪斯頓（Halston）和卡文克萊為代表。極簡主義也是喬治‧亞曼尼的招牌風格，亞曼尼連同凡賽斯（並非以極簡風格著稱）合力把米蘭打造成義大利奢華高級成衣的中心。義大利時裝和配件產業傳統上都是靠工匠起家，往往都是家族經營，而且與在紗線和布品產製上技術先進的廠商關係尤其密切，相較於英國國內缺乏如此機敏靈活的紡織工業，義大利因而擁有競爭優勢。由於英國設計師沒有本土製造業為後盾，

倫敦時裝業活力銳減，儘管倫敦仍是創新與實驗精神的搖籃，如今很多倫敦設計人才還是注定要出走，往海外發展。國別和時裝風格之間越來越沒有關連性，設計師們也抗拒單純只根據他們的種族背景來為作品冠上「某風貌」的概念；雖然他們會在作品裡呈現自身的文化遺風，但是國族特色並不是他們著眼之處。從南韓到巴西，從義大利到日本，時尚如今已然是全球現象。

從 1970 年代起，時尚的特色是斷裂（fragmentation）與多樣。有些設計師也許還是會讓人聯想起他們的招牌風格，譬如豪斯頓、卡文克萊、亞曼尼和吉兒‧珊達（Jil Sander）的簡約風格，凡賽斯、克利斯汀‧拉克華（Christian Lacroix）、曼尼什‧阿若拉（Manish Arora）的華麗繽紛，馬吉拉時裝屋（Maison Margiela）、維克托和羅夫（Viktor & Rolf）、「宛若男孩」和候塞因‧卡拉揚（Hussein Chalayan）的概念主義，不過若非全部的話也有很多設計師嘗試跨界創新。三宅一生和渡邊淳彌（Junya Watanabe）在色彩的運用上別具匠心，而馬克‧賈伯奉行極簡之餘，也從歷史來詮釋色彩。

從一方面來看，1990 年代的時尚和後現代主義的魔魅界奮力交手，表現在所謂的「病態美」（Heroin Chic）的風行，以及新一類的時尚攝影偏好起用骨瘦如柴、蒼白病態的模特兒，在破敗的旅館房間裡取景；從另一方面看，設計師越來越熱衷於從過往歷史挖掘靈感。以迪奧來說，約翰‧加利亞諾掌舵後重新喚起克利斯汀‧迪奧的精神與風格，譬如他於 1997 年為迪奧設計的第一季作品和 2005 年系列，精心構思了一系列佈景各異的空間，讓他設計的每一件新作都能融入每個佈景的氛圍。卡爾‧拉格斐在重新演繹香奈兒經典產品上，從鑲有雙 C 標誌的鏈帶手提包到雙色鞋，都比他為自創的同名品牌或為芬迪（Fendi）操刀的系列更加成功。薇薇安‧魏斯伍德也埋首於博物館和藝廊仔細鑽研，從過往歲月尋找靈感，把傳統布料譬如格子呢（tartan）和斜紋軟呢用到新作裡。英國設計師享譽國際，就是因為他們擅長在傳統古典中注入新意，保羅‧史密斯（Paul Smith）和瑪格莉特‧海威（Margaret Howell）乃箇中翹楚，而博柏利（Burberry）（創立於 1856 年）近年來也因此成了英國最受注目的品牌之一。羅夫‧羅蘭（Ralph Lauren）打造出龐大的零售帝國，也是汲取了歷史元素，不管是採用美國印第安納瓦霍族的針織設計，或貴族學院風的獵裝都是，而展示這些服飾的商店，同樣佈置成充滿濃濃的懷古風情。朵伽和加巴納（Dolce & Gabbana）從 1960 年代的義大利電影和1950 年代的好萊塢明星身上發想，他們在 1992 年推出的「麻袋裝」，

就是從瑪麗蓮·夢露穿著一襲麻布袋洋裝的性感照片得到靈感，設計師們把她壓住掀飛裙襬的經典照片印在晚禮服上，直截了當地再現她的魅力風采。

在今天的時尚界，文化傳承與傳統是關鍵詞，意味著資產，而不像在六〇年代意味著包袱。世上許多名貴奢華的品牌（目前大多隸屬於大集團），譬如古馳、路易威登和愛馬仕，創立已超過一世紀，而今除了服飾之外也生產配件和行李箱。這些品牌極為重視其歷史悠久的形象以及精湛工藝的傳承，並且以此為行銷重點：路易威登帶動了二十一世紀前十年的名牌包熱潮；愛馬仕專為摩納哥王妃葛麗絲凱莉和演員珍柏金設計並命名的手提包也掀起旋風，至今依然熱銷。

一些可敬的老牌時裝屋近來也東山再起：其中包括了沃斯、紀梵希和巴黎世家。時尚界吹起了復古風，昔日巨星的風采，從瑪切薩·卡薩提、奧黛麗·赫本、瑪麗蓮·夢露、碧姬·芭杜，到賈桂琳·甘迺迪等，一再被重新喚起，而賈桂琳·甘迺迪的簡約風格傳遞出「新烏托邦」（New Camelot）的摩登形象，當時成千上萬的婦女群起仿效，「賈姬式」大墨鏡至今仍是必備的時尚經典。

名流總會帶動時尚，不管是皇室貴族或是舞台、銀幕或樂壇巨星，從二十世紀初至今沒有改變過，但是當代媒體的影響力擴及全球，聲名遠播的程度完全不可同一而論，時尚的滲透力也更為廣泛。威爾

1965 年，愛馬仕推出的「凱莉」包｜1965 年，摩納哥王妃葛麗絲（娘家姓是凱莉）手拿一只愛瑪仕手提包的相片被刊登在《生活》雜誌上。「凱莉」包自此成了最具指標性，也是有史以來名媛淑女最想收藏的一款「名牌包」，它的復刻版要價高達數千英鎊。

2009/2010 年，朵伽和加巴納推出的晚禮服　鑽研大量史料和文化資源，尤其是從義大利電影和西西里島風格汲取靈感，朵伽和加巴納深諳如何讚頌女性的性感與魅力。瑪丹娜曾在該品牌的廣告裡詮釋「西西里女人」，聖潔和邪惡的混合體。圖中，設計師索性把性感偶像穿上身，在裙幅上印滿瑪麗蓮·夢露的影像。

斯王妃黛安娜曾經是全球曝光率最高的女性，從她與王儲訂婚那一刻起至她悲劇性的結束生命，為她打點過穿著的設計師無不馳名國際。凱薩琳・密道頓和威廉王子的婚姻也起了同樣的效應。幾乎和皇室同樣舉世聞名的歌手瑪丹娜，在「金髮雄心」世界巡迴演唱會期間，讓尚・保羅・高提耶為她設計的緞面錐形胸罩馬甲遠近皆知，她也在「朵伽和加巴納」的廣告裡詮釋該品牌的「西西里女人」——半聖半邪的女人——形象。

很多時尚設計師變得跟他們的客戶一樣出名又經常曝光，他們不再像巴倫西亞加那樣隱身於工作室門後，或者不再跟香奈兒一樣在時裝秀進行之際不起眼地坐在沙龍的台階上，而是效法湯姆・福特，由旗下的模特兒們簇擁著為自己操刀的品牌代言。從前為大品牌代言而佔據流行雜誌封面的時裝模特兒，如今被電影明星取代，時下一般對走紅地毯的認知是博版面而不是秀行頭，儘管輝煌盛大的時裝秀仍會登上時尚版頭條。在這些時裝秀上，前排座位坐滿了女星、歌手和名人，而不是媒體或買家，如此一來該品牌的新聞便可攻佔報紙的重要版面。熱門電視影集譬如《慾望城市》和《廣告狂人》，不僅替真正的時尚名牌打廣告（譬如馬諾洛・布拉尼克〔Manolo Blahnik〕和薇薇安・魏斯伍德），也反過來影響時尚。時裝、時尚、名流和影響力之間的分野漸趨模糊：女神卡卡走紅地毯時穿過怪誕誇張的舞台戲服也穿過高級時裝。她曾登上2011年三月份的美國版《風尚》雜誌封面，她的御用造型師尼可拉・弗米切第（Nicola Formichetti）也被蒂埃里・穆勒（Thierry Mugler）時裝屋延攬出任創意總監，而根據小道消息，女神卡卡會和他推出聯名設計。

現今以激烈消費、視覺超載、過多選擇和表現自我為特色，變化快速的時尚世界，只消按一下滑鼠所有事物都可以在轉瞬之間穿越太虛來到眼前，而且想要就可以買到。對於愛德華時期的婦女來說，這一切簡直像天方夜譚，但是她深深懂得時尚古今不變的魅力。儘管過去一世紀裡在很多方面都可以看出時尚變得民主而且可親，但它始終是一股專制的力量，主宰我們如何穿著打扮。

青春風暴

孩子們……看起來棒透了，個個亮眼炫目，

她們穿戴塑料、麂皮和羽飾，穿裙子靴子

和色彩鮮亮的網眼絲襪，

穿漆皮鞋和金色銀色的超短迷你裙，

還有帕可·拉巴納 Paco Rabanne 以塑膠圓片

串連而成的裙裝，薄塑膠裹身的模樣，

以及滿街的喇叭褲和窮小子毛衣，

還有從肩膀外開，下襬遠高於膝蓋，短上加短的裙裝。

安迪·沃荷和派特·哈克特 Pat Hackett 合著
摘錄自《普普主義：沃荷的六〇年代》，1980 年出版

1966 年，崔姬｜來自北倫敦十六歲的崔姬，後來成為 1960 年代後半時期的標竿形象。她修長的美腿、短短的鮑伯髮，濃黑的睫毛膏和臉上的雀斑，使得大眼洋娃娃風格大行其道。

1960 年，蜜桃色羊毛直筒洋裝 shift dr-ess，瑪莉官設計 | 覺察到年輕女孩的穿著不再向媽媽看齊，瑪莉官著手設計線條簡單又饒富趣味的摩登時裝：背心連身裙、羅紋緊身毛衣、不透明褲襪，以及名為「活躍分子」Ginger Group 的大量生產平價時裝。與美國製衣廠和暢貨中心的生意往來，讓她成為 1960 年代時裝事業最成功的設計師之一。

1963 年，聚氯乙烯製的防水外套 | 瑪莉官也把傳統的雨天裝束改良得時髦摩登：圖中這件背扣式的防水外套、寬沿防水帽和靴子都是用光滑的黑色聚氯乙烯材質做的，這是瑪莉官最常用的一種人造面料。

1964 年，瑪莉官和維達·沙宣 | 就像香奈兒一樣，瑪莉官也是她個人風格的最佳代言人，圖中維達·沙宣正為她剪五點式鮑伯髮型。1965 年，她前往美國行銷個人品牌，在一場發表會裡，她的模特兒赤足走上伸展台，隨著節奏強勁的熱門音樂起舞，轟動一時，此後她「英倫風貌女王」的國際地位更形確立。

1966 年，摩斯族 Mods，英國｜瑪莉官
從摩斯族汲取創作靈感，該族群是從
1950 年代的現代派 Modernists 演變而
來，之所以被稱為摩斯族是因為他們熱
愛現代爵士樂 modern jazz。到了 1960
年代，摩斯族一詞則用來泛指年輕人，無
分性別，也泛指倫敦時尚。

約 1965 年，瑪莉官設計的內衣｜瑪莉官
把一直在時光中凍結的貼身女用內衣褲，
改造得性感有趣：她摒棄了傳統內衣過
多的飾件和柔和的顏色，採用超彈性的
合成布料，而且用色強烈，圖中是一件白
色連褲緊身衣和黑色的束褲，僅裝飾著
她著名的「雛菊」商標。

TO THE NAKED EYE IT'S A NAKED FACE.

Mary Quant's Starkers.
The make-up that looks like
it isn't there.
　　You can get it in three
semi-matt skin tones. Bare light.
Bare dark. Bare bronze.
　　And even if it's hiding
anything, it won't
look as though you have
anything to hide.
　　To the naked eye.

MARY QUANT

約 1967 年，瑪莉官設計的「官之行進」quant afoot 鞋款廣告 | 瑪莉官設計的這一款以 PVC 材質製作，內裡用上彩色棉織品，造型乾淨俐落的靴子，好玩又有趣，就像圖中這首開先河的廣告手法裡簡潔有力的標題一樣，而她有時候會親自上陣，為自己的產品代言。

約 1968 年，瑪莉官化妝品的廣告 | 身材纖瘦的潘妮洛普·崔伊 Penelope Tree 是 1960 年代頂尖模特兒之一。就像在她之前的珍·詩琳普頓，她也和大衛·貝利約會過，而大衛·貝利和特倫斯 Terence、唐納文 Donovan、泰瑞歐尼爾 Terry O'Neill 和布萊恩·杜飛 Brian Duffy 的攝影作品突破了舊有窠臼，重新定義了時尚攝影。瑪莉官在 1966 年推出的化妝品系列融入了趣味的概念，產品內容包括裝在錫盒裡的彩色眼影、閃亮的指甲油、裸妝效果的輕盈感粉底，以及冠上「天藍粉紅」和「冷靜酒紅」的唇膏，全都包上她極具特色的銀黑相間的包裝。

1965 年，在墨爾本賽馬場的珍·詩琳普頓
1965 年，珍·詩琳普頓登上全球身價最高的模特兒，也是英倫風貌的代表人物。當她一反傳統習俗，穿著迷你裙裝，沒戴帽沒戴手套也沒穿絲襪，現身在墨爾本賽馬季的德比日 Derby Day ——社交季最重要的活動，在當地引起轟動，就此啟動了澳洲的時尚革新。

1965 年，凱 西·麥 高 文 Cathy McGo-wan｜從 1963 年至 1966 年，每星期五晚間在英國商業電視台播出的「各就各位，預備，起！」*Ready Steady Go!* 節目，是個熱門音樂節目，但同時也是時尚的風向標。節目主持人凱西·麥高文，人稱的「摩斯族女王」，穿「碧芭」和「伏耶和圖芬」的衣服，也把自己的設計作品穿在身上，她的主持風格令人耳目一新，掃蕩了傳統媒體的沉悶之氣，是當年新一代的性格人物之一。

1966 年，雙「D」裝，「伏耶和圖芬」設計
畢業於皇家藝術學院的瑪莉安·伏耶 Marion Foale 和莎莉·圖芬 Sally Tuffin，1965 年在卡納比街附近開設她們的精品店。蕾絲布裁製，飾有斑紋或有趣圖樣的直筒洋裝，或剪裁精良的低腰褲套裝，讓趕時髦的倫敦客群爭相搶購，而紐約新開的超新潮精品店「全身行頭」的顧客，也趨之若鶩。

1965 年,安德烈·庫亥吉設計的套裝|在巴倫西亞加手下當了很長一段時間的學徒後,安德烈·庫亥吉在 1961 年自立門戶,推出自己的品牌。他在 1965 年推出的系列震驚了時尚界,這些驚世服裝包括超現代褲裝、裙襬長度在膝上好幾吋的迷你裙,還有他招牌的平底開口白靴,他和其他設計師例如皮爾·卡登和瑪莉官,先後都憑直覺地拉高裙緣的位置。

約 1966 年,艾曼紐·溫加羅設計的外套和裙裝|同樣也師承巴倫西亞加的艾曼紐·溫加羅,在 1965 年首度推出他的時裝系列。他那雕塑感十足服裝,通常是用他最喜愛的硬挺軋別丁 gabardine 布料裁製,而且用色非常豔麗。「艾曼紐·溫加羅」品牌至今依然存在,只不過它現在是一家美國公司。

1967 年，帕可・拉巴納設計的裙裝 | 圖中這一襲迷你裙是用金屬環將鏡面的人造琥珀圓片串連而成的。帕可・拉巴納以具未來感的設計在時裝領域裡開疆闢土：決心不用布料做服裝，而是憑藉他做過珠寶設計師的工藝經驗，運用塑膠、螢光橡膠、全息塗層皮革、雷射唱片和光纖等材料來創作。在 1967 年《美麗佳人》雜誌的一篇專訪裡他說：「我的衣服是為亞馬遜女戰士設計的武器。」

1968 年，皮爾·卡登設計的服裝 | 在 1960 年代，皮爾·卡登也受到太空時代的啟發，他在 1965 年推出的「宇宙」系列，以厚褲襪、緊身毛衣和具未來感、拉鍊式的中性單品為主要特色。強烈的對比色、高至大腿的長統靴以及長過手肘的手套，展現出毫不妥協的現代性，而這一點也是皮爾·卡登持續揚名國際的原因。

1967 年，聖羅蘭設計的褲裝 | 聖羅蘭在他的設計生涯裡，始終對於如何將男裝的設計與細節轉化成女裝倍感興趣。1966 年，他推出劃時代的代表作「吸煙裝」，以男士在晚宴後抽煙時的穿著改造而來的正式女性褲裝，此後聖羅蘭每季都會推出不同款式的吸煙裝。圖中這一套配上領帶和帥氣帽子的細條紋三件式褲裝即是其一。

1969 年，聖羅蘭設計的獵裝 | 1968 年，聖羅蘭推出中性的獵裝：上身是長版外套，前襟為全開式或有繫帶的半開式，而且縫有大口袋，腰間有束在褲子外的皮帶。

前頁

1965 年,「全身行頭」精品店的開幕派對 |「全身行頭」的創立初衷是為了大西洋兩岸的設計人才提供一個展現才華的舞台。來自英國和美國本土的設計師貝絲‧強生 Betsey Johnson、迪娜‧莉特兒 Deanna Littell、卡羅‧弗利德蘭 Carol Friedland 和喬‧舒馬赫 Joel Schumacher 等得以在此自由發揮創意。圖中,在開幕當天,貝絲‧強生穿著她招牌的銀箔細肩帶洋裝 tank dress,對著鏡中的自己翩然起舞。

約 1966 年,貝絲‧強生為「全身行頭」設計的裙裝 | 圖中,群裝上的幾何圖案反映了普普藝術對時裝的影響。貝絲‧強生在當時是紐約最具創意的年輕設計師之一,至今依然活躍在時裝界,她擅於運用非傳統的材料,譬如塑料、金屬箔、亮片料子等,還發明了紙製的「一次性」服裝,甚至使用澆水後會發芽的紙來製作服飾。

1966 年,伊迪‧賽奇維克 Edie Sedgwick 身穿波莉娜‧特里蓋里設計的衣服 | 富家女、安迪‧沃荷的繆斯女神,同時也是安迪‧沃荷「工廠」工作室的女孩,伊迪‧賽奇維克成了時尚偶像和嗑藥的紐約甜心。圖中她穿著波莉娜‧特里蓋里設計的迷你裙、有稜紋的絲襪和卡佩齊歐 Capezio 設計的鞋子。她後來成為貝絲‧強生旗下的模特兒。

1966-1967 年，紙製的「罐頭湯」洋裝，設計者不詳 | 圖中這件紙製洋裝，靈感來源是安迪·沃荷於 1962 年展出的作品「康寶濃湯罐頭」，「康寶濃湯罐頭」是把三十二幅康寶濃湯罐頭的畫排列成矩陣，屬於安迪·沃荷的「複製」系列之一，表達了他對大量生產與消費主義的省思。織品技術的進步使得用過即扔的紙製服裝既便宜又有趣。

1966 年，印度豹迪斯可舞廳 Cheetah Discotheque 內附設的精品店，紐約 | 紐約蓬勃的迪斯可文化催動了快速變化的時尚，因為人們每晚都想要有不同的打扮。有些迪斯可舞廳甚至開設駐店的精品屋，譬如圖中這一家印度豹舞廳附設的精品店，店內貼著鋁箔壁紙，販售包括碧芭在內的倫敦設計品牌。

1967/8 年，傑佛里‧比尼設計的「足球」裝｜在 1963 年自創品牌的傑佛里‧比尼，時裝事業很快就經營得有聲有色，至今一直是美國最有天賦的設計師之一。圖中這襲鑲亮片的針織及地裙裝，展現他俏皮的一面和對美式運動服的熱愛，在剪裁方面他也極具創意，曾用螺旋形的拉鍊做成一件毫無縫線的裙裝。

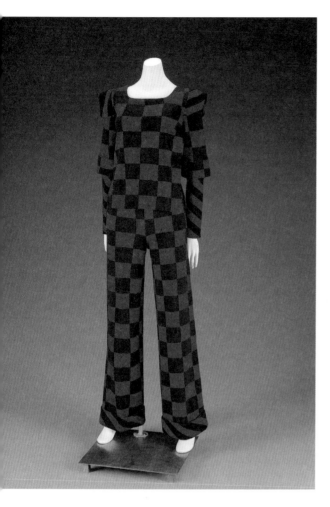

約1967年，魯迪·吉恩萊希設計的針織家常便服｜魯迪·吉恩萊希引起新聞話題的設計，掩蓋了他較不具爭議性的便服光彩，例如圖中這套無襯墊的兩件式針織裝，以鮮明強烈的顏色呈現出歐普藝術Op Art的圖樣。

1970年，魯迪·吉恩萊希設計的長袍｜圖中分別穿在光頭的一男一女模特兒身上具未來感的中性長袍，是為了1970年在大阪舉辦的萬國博覽會裁製。魯迪·吉恩萊希的實驗精神使得他創造出領先年代的前衛設計，其中包括噴霧衣spray-on clothes、丁字褲和前縫呈倒Y形的女內褲，比卡文克萊的設計要早很多。

約1965年，魯迪·吉恩萊希，與穿著他的設計的模特兒｜從澳洲移民至加州的魯迪·吉恩萊希是個有遠見的設計師，他想讓女性從束縛身體的服裝裡解脫的企圖，完美地吻合現代的美國精神。他大膽創新的設計譬如1964年推出的上空泳裝、無襯墊無鋼圈的胸罩，以及圖中這些為「哈爾蒙針織衣」Harmon Knitwear設計的上空晚禮服，使得他聲名狼籍的同時也知名度大增。左邊第二位即是他的繆斯女神佩姬·莫菲特Peggy Moffitt。

1966 年，卡納比街的精品店，英國｜「搖擺倫敦」的重鎮卡納比街上，充斥著能夠帶來全新消費體驗的精品店。店內爆出的音樂強力往街道放送，銷售員年輕時髦又有型，最入時的新品每週報到，以應付週六湧入的人潮。據估計，到了 1967 年大倫敦地區內匯聚了大約兩千家的精品店。

1969 年，碧芭的產品目錄｜成立於 1963 年的碧芭原本是一家郵購公司，目錄裡洋娃娃般的模特兒一臉憂鬱的照片和粗體字，尤其是封面上以紋章裝飾的經典商標，都是郵購時裝業首開先河的創舉。芭芭拉·胡麗姬的設計銜接了摩斯族風格和逐漸流行的維多利亞風及 1920 年代復古風。碧芭的衣服很平價，大多是用譬如燈芯絨和緞子之類的布料做的，顏色不脫柔和的「低調」色，而這種沉斂的色澤也用在碧芭的化妝品、襪子和 T 恤上。

約 1974 年，崔姬在碧芭的彩虹廳｜經過各種的轉型，其中包括一連串每到週末便大排長龍的全方位複合式概念店 destination shops，1973 年「大碧芭」在肯辛頓大街上原本是一家百貨公司的大樓裡開幕，販售的東西從寵物飼料到童裝包羅萬象。這是一棟裝飾藝術的瑰寶，以擁有養火鶴的空中花園和彩虹廳自豪，圖中崔姬穿著迷人的合身亮片禮服，戴著相配的露指手套坐在彩虹廳裡。

約 1966 年，范倫鐵諾設計的外套和長裙
英氣十足的超級模特兒薇如詩卡 Veru-schka 身穿由范倫鐵諾設計的條紋羊毛長大衣和雪紡紗長裙。從 1950 年代晚期發跡至 2007 年退休，范倫鐵諾始終站在義大利高級時裝的最前線。客群多半是星光熠熠的國際名人，他的服飾以用色大膽、令人驚豔聞名。

1967 年，伊夫·聖羅蘭發表的春夏系列「非洲風」｜民俗服飾一直是聖羅蘭設計生涯裡的靈感來源，在 1960 年代和 1970 年代，他先後發表過非洲風、摩洛哥風、中國風和俄國風系列作品。圖中這兩件服飾巧妙地融合了迷幻的渦漩圖案與木珠子及瑪瑙貝。

1967年，連身褲，摘錄自《甜姐兒》*Petti-coat* 雜誌封面｜《甜姐兒》、《甜心》和《十九歲》這幾本少女雜誌都在這個時期創刊。從 1964 年起，迷幻藥越來越風行，帶有迷幻色彩的圖案滲透平面設計至織品印花等無所不在。迪斯可舞廳燈光秀迴旋的不規則形狀，也被輕易地轉化為時裝的圖形化語彙，就像圖中這兩件一體成形的連身褲圖樣。

1969 年，珍妮絲·賈普林 Janis Joplin 在胡士托音樂節｜圖中的珍妮絲·賈普林，當時正在胡士托音樂節的後台，而胡士托音樂節可說是 1960 年代理想主義者的絕唱。她身上那套彩色紮染、有如萬花筒圖案的兩件式褲裝，來自紐約的「皮草氣球」精品店。珍妮絲·賈普林是個搖滾女嬉皮，經常把緞子、絲絨和蕾絲與羽飾圍巾和荷葉邊帽混搭在一起。

1969 年，艾密利歐·普奇設計的裙裝 | 安迪·沃荷把 1960 年代至 1970 年代初期很多設計師所熱衷的風格形容為「國際富豪的巴基斯坦 - 印度式嬉皮風」。圖中普奇設計的這些薄如蟬翼、色彩繽紛的裙袍，很適合在風景美妙的地方取景拍照，譬如這張在佛羅倫斯一處的屋頂拍的照片。

1969 年，「傻瓜」The Fool 設計的服裝披頭四在 1967 年於他們的總部所在地倫敦貝克街開設名為「蘋果」的精品店，正式進軍時裝界。這家精品店販賣由共同合作的荷蘭設計公司「傻瓜」所設計的衣服，從圖中可見其主打嬉皮 / 吉普賽風格，由於生意慘淡，加上順手牽羊的情況猖獗，僅僅開張七個月便關門大吉。

1969 年，歐西·克拉克 Ossie Clark 設計的裙裝 | 在倫敦，藝術學校科班出身的一批新秀設計師，把浪漫嬉皮風格帶進高級時尚。圖中這襲歐西·克拉克以斜裁設計，使用苔絨皺紗和雪紡紗為面料的性感裙裝，充滿了迷人的頹廢感，一如他剪裁一流的蛇皮夾克。歐西·克拉克的服飾深受喬爾西地區的名流和流行音樂圈菁英青睞，這些人當中很多都喜歡流連在他的時髦精品店「一時之選」Quorum，該店由他的生意夥伴艾利斯·波洛克 Alice Pollock 經營。

約 1970 年，歐西·克拉克設計的裙裝局部細節，織品設計師為西莉亞·波特維爾 Celia Birtwell | 克拉克所用的織品，是由當時已經嫁給他的西莉亞·波特維爾所設計，她那具有 1930 年代風格又充滿奇想的花卉圖案，成了歐西·克拉克時裝的主元素。西莉亞·波特維爾至今仍在織品設計上不遺餘力，並在 2007 年為英國快時尚品牌 Topshop、2010 年為英國百貨公司約翰路易斯 John Lewis 推出個人服裝系列。

1970 年，桑德拉·羅德斯設計的裙裝

織品設計師出身的桑德拉·羅德斯，在
1969 年自創品牌，迅速以大膽鮮豔的印
花設計打響名號，圖中這襲夢幻的雪紡
紗上她招牌的蜿蜒花紋就是一例。由於
經常四處旅行，她從各地民俗服飾汲取
靈感，從圖中的羽飾飄帶可見一斑，她本
人總穿戴得色彩亮麗，頂著一頭亮粉紅
色頭髮，也是讓人一眼就能認出來。

1970 年，崔姬身穿比爾·吉布設計的衣服

比爾·吉布是混搭大師。他借用家鄉蘇格
蘭、中世紀和文藝復興圖案以及民俗服
飾的元素，融合成如圖中這襲裙裝上織
錦般的圖案。這是崔姬為了出席肯·羅素
執導的電影《男朋友》（1971 年上映）的
首映會所訂製的裙裝，崔姬在片中飾演一
名 1920 年代的摩登女郎。

LIFE

Black Models Take Center Stage

Top fashion model
Naomi Sims

OCTOBER 17 · 1969 · 40¢

1969 年，娜歐蜜・席姆斯 Naomi Si-ms，摘錄自《生活》雜誌封面｜首位登上著名婦女雜誌（1968 年的《仕女居家月刊》）封面的非裔美籍模特兒娜歐蜜・席姆斯，是「黑即是美」運動的大使。後來她開發了專為黑人女性設計的美容產品。四十年過去，從超模娜歐蜜・坎貝爾的切身經驗來看，種族歧視仍舊存在於時尚界的某些角落。

1970 年，瑪莎・亨特 Marsha Hunt｜瑪莎・亨特演出 1968 年叫座的音樂劇《毛髮》Hair 一炮而紅，這部音樂劇因為裸露場景和慶祝「寶瓶時代」而引起許多爭議。圖中她那有流蘇的皮夾克、絲絨襯衫和厚重的民俗風珠寶，都是嬉皮風格的主要元素。她那一頭圓蓬髮型反映了「黑人權利」運動的影響，1960 年代她待在柏克萊期間也曾投入激進的政治運動。

1970 年，骨董市場的小攤，英國｜表現自我是嬉皮風格最關鍵的特色，混合二手貨（現今被稱為骨董）、民俗服飾、訂製服和店售成衣的裝扮，比仿造嬉皮風的設計師服裝要更真誠地貼近這項運動的精神。老舊時裝、拼縫的布品、繡花披肩、鑲珠粒的直筒洋裝 flapper dress 以及印花的下午茶禮服，仍舊很容易在義賣會和倫敦波多貝羅路 Portobello Road 之類的市集找到。

1970 年,「伏耶和圖芬」設計的服裝,摘錄自《新潮》Nova 雜誌|「伏耶和圖芬」以絎縫的方式把利寶百貨印花布和竹節花呢 slubby tweeds 兩種面料拼接混合,並在色澤和圖案上達到和諧。懷舊風讓拼縫、絎縫和手工編織之類的手工藝又開始流行,而且風行了一整個 1970 年代。

1973 年,「雅緻的阿拉伯風」,摘錄自《新潮》雜誌|卡洛琳・貝克 Caroline Baker 讓各種元素兼容並蓄又呈現出層次感的能耐無人能及,在《新潮》這本開創性時尚雜誌(在 1965 年至 1975 年之間發行)擔任編輯期間,她混搭出圖中這融合了摩洛哥、印度、西藏和阿拉伯服裝與珠寶的組合。她那一篇篇上從設計師和大街時尚,下至工作服、運動服和街頭風格無所不包的出色評論,為 1980 年代《臉》之類的雜誌奠定了基礎。

JEAN SEBERG

牛仔服和運動風

你可以找到牛仔喇叭褲、牛仔靴筒褲，甚至牛仔褲。
不過還是找一條正常的、
沒有無謂裝飾的老式直筒牛仔褲最可靠。

———————— 凱特琳·密利內爾 Caterine Milinaire 和卡羅·特洛伊 Carol Troy 合著
摘錄自《別緻簡約》，1975 年出版

1965 年，珍·茜寶 Jean Seberg ｜儘管
在美國出生，珍·茜寶透過在新浪潮電
影裡的出色演出，譬如高達執導的《斷
了氣》（1959 年上映），成為巴黎左岸少
女的代表人物。圖中她穿條紋水手服，
捲起牛仔褲腳，頂著招牌的俏皮短髮，
率性隨性的模樣，就如奧黛麗·赫本一
樣，都是永恆的時尚經典。

1962 年,貓王迷,蘇黎世 | 包括《飛車黨》(1954 年上映)和《養子不教誰之過》(1955 年上映)等在內的電影鞏固了青少年苦惱焦慮的形象,也讓美式休閒風變得流行。皮夾克或牛仔夾克、牛仔褲、T 恤、樂福鞋和棒球靴成了青少年次文化的基本元素。圖中這些在貓王瑞士演唱會外等待的貓王粉絲,穿著牛仔裝,梳著蜂窩頭。

1970 年,中性打扮的加州高中女生,美國 | 圖中這幾個加州高中女生都穿著「旱鴨子」Landlubber 品牌的低腰小喇叭褲,「旱鴨子」是美國自 1970 年代起至今依然多產的眾多品牌之一。當時的年輕人不分男女都時興留長髮穿牛仔褲,這種打扮風格模糊了性別的分野。不以性別概念作區分的境界終於達到了——只不過它不是高端時尚所帶動的,而是人們在日常中普遍穿上了工作服。

1975 年，熱褲，英國｜到了 1970 年代中期，牛仔褲無所不在。國王路上昔日新潮精品店林立的景況不再，如今換上了一家家販售進口牛仔褲的商店。牛仔熱褲大行其道，有量身訂做的也有按一定規格生產的。

**1980 年，雙色樂團 Two Tone 粉絲，英
國考文垂** | 圖中這些穿中性牛仔褲、樂福
鞋、polo 衫而且繫吊帶的雙色樂團粉絲，
反映了從 1940 年代晚期開始，西印度音
樂與風格在英國產生的影響。雙色樂團
走的是斯卡 ska 曲風，斯卡也是牙買加雷
鬼樂的前身。

1982年，光頭族女孩，英國 | 圖中這位女孩身穿牛仔夾克和班・雪曼 Ben Sherman 襯衫，理著一頭有羽毛剪劉海的小平頭，再現了光頭族風格。光頭族最初是 1960 年代早期流行的次文化，後來衍生變化出很多不同的分支，從種族混合的雙色樂團和雷鬼樂迷到極右派團體都是。不管政治立場如何，那些風格一致的衣服或多或少都是男女通用的。

2000年，亞歷山大·麥昆Alexander Mc Queen 設計的「露股溝褲」Bumsters 經過四年的風風雨雨，終究離開紀梵希之後，亞歷山大·麥昆致力發展他的個人品牌。以「透過衣服賦予女性權力」的概念為出發，他發表一系列令人嘆為觀止的時裝秀，也引起諸多爭議。在 1996 年他的「但丁」系列發表會上，揭幕後首先登場的那款超低腰的「露股溝褲」，在時裝圈造成莫大的轟動，這款褲子基本上也是挑釁意味濃厚。圖中這條「露股溝褲」加了回彎鈕帶 cinch-back buckle 的設計，上身配了粗棉繩編織的高領毛衣。

2006 年，雷格風格女孩 Ragga girl，在諾丁丘嘉年華 | 嘉年華是向全世界展演的重要場合。到場觀看的人儘管服裝上不如遊行花車上的戲服那般戲劇性，但也稱得上是一場視覺饗宴，顯現形形色色各種次文化的街頭風格，就像圖中這位雷格風格女孩穿的這一條多處割破設計的牛仔褲。比起雷鬼，雷格在音樂和服裝上要更浮誇，擺明向世俗挑釁，其基本裝束包括附罩杯緊身上衣、網眼背心、破洞牛仔褲、露一截的內褲或超短露臀褲 batty riders、網眼襪和染色假髮。

2007 年，尚·保羅·高提耶設計的春夏系列裙裝 | 尚·保羅·高提耶一向從工作服汲取靈感，圖中他讓招牌的橫條紋水手服和無肩帶牛仔連身裙出人意表地變形為裙襬嵌縫大量羽飾的迷人晚禮服。

2001年，莉百迪·羅斯 Liberty Ross 代言 Levi's 牛仔褲「扭到合身」系列的廣告　作為舒適、自由和無分性別的終極符號，牛仔褲具有無限的探索空間。不管是破洞處理、石洗的、男友風的、緊身的、復古的或設計師款式，牛仔褲已經成了全球性的服裝。

1969年，滑雪裝，艾密利歐·普奇設計 | 普奇是個具奧運水準的滑雪手，也熱愛體育，他所設計的滑雪衣既搶眼時髦又具機能性，結合了他著名的渦漩圖案以及革命性的伸縮布料，例如萊卡，這是杜邦公司在1958年研發的合成彈性纖維。

1979年，珍芳達 | 有氧舞蹈健身熱風靡1970年代晚期，帶動這股熱潮的明星珍芳達，光是她個人的健身錄影帶就賣出數百萬張。用貼身的彈性布料（加入萊卡成分）做的緊身連衣褲和內搭褲，不僅出現在韻律教室，也成了迪斯可舞池內的時髦裝束，因為當時盛行以天然的方式和美妝品來雕琢形塑身體的概念。

1981 年，諾瑪·卡瑪麗 Norma Kamali
紐約客諾瑪·卡瑪麗身穿她自己的作品，
這是她 1981 年發表的「汗水」系列其中
一件。超大的墊肩讓實用的針織布料被
穿上身時顯得氣派威風。之後她持續推
出用合成彈性布料做的創新泳衣和多用
途服裝，其中她用尼龍當面料，以絎縫方
式縫製的「睡袋大衣」變成一款經典。

1985 年，唐娜·凱倫設計的「軀體」｜如
今已經是國際大品牌的唐娜·凱倫，當初
第一次推出品牌作品時，主打的是「簡便
的七件單品」，其發想與設計初衷，是為
了簡化上班女郎和職業婦女的生活。在
女性的上班套裝都是以男性西裝為模板
的年代，凱倫的服裝風貌呈現女性的柔
美又兼具實用性。圖中這件名為「軀體」
的單品就是關鍵要素，這是一件改良過
的連身衣，兩腿間以按扣扣合，外面可以
套上長褲或裙子。

1994 年，DKNY 設計的春夏系列裙裝
唐娜·凱倫的副牌 DKNY，主打以平針織
面料做成的輕便單品。圖中這件前襟有
拉鍊的長裙裝反映了運動風的影響，也
是向傑佛里·比尼在 1960 年代設計的「足
球裝」致敬。

1987 年，「胡椒鹽」女子團體｜美國嘻哈
女子團體「胡椒鹽」，身穿印有標誌的棒
球外套，穿戴沉重的金鍊子和非洲布料
製的帽子。隨著 1981 年開台的 MTV 音
樂頻道這類新媒體的興起，黑人音樂次
文化對於運動服的偏好吸引了全球的關
注，將這種穿著風格帶給更廣大的觀眾，
而不是只偏限於源起的紐約或芝加哥。

1989 年，NCRU 饒舌樂團｜打從 1970 年代後期開始，嘻哈音樂對於時尚流行始終有著強烈的影響力。隨著城市街頭的背景節拍舞動，霹靂男孩 B boys 和飛舞女孩 Flygirls，身穿從前只會在運動場上看到的服裝：譬如過大的運動褲、外套和羽絨背心、愛迪達球鞋和染成螢光色的頭髮，這些都是紐約饒舌團體 NCRU 很得意的穿戴風格。

1995 年，身穿湯米・希爾費格 Tommy Hilfiger 服飾的紐約高中女生｜湯米・希爾費格以運動服為靈感的設計，使得他的品牌（和商標）成了嘻哈和饒舌明星的最愛，譬如史努比狗狗 Snoop Dogg。

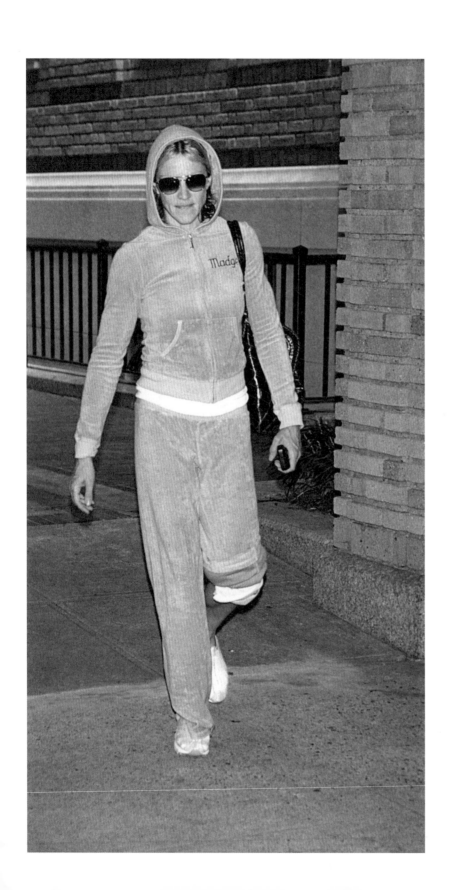

2001 年，瑪丹娜身穿「橘滋」運動服 | 熱愛運動服的瑪丹娜身穿「橘滋」出品的絲絨面料運動套裝，上面繡有「瑪姬」字樣。運動服，過去只在運動場上看得到，在 1980 年代以輕薄雙層 shellsuit 休閒服的樣貌面世，一度簡直和牛仔褲一樣受歡迎，甚至還有以喀什米爾羊毛製的極致奢華版運動服。

1994 年，卡文克萊的泳裝 | 卡文克萊品牌之所以大獲成功，是因為它堅持在美國運動服傳統裡注入了優雅與性感兼具的現代感。「卡文」（如今成了「內衣」的同義字）在 1983 年推出女性內衣，圖中這款四角短褲有著褲門襟，呈現了該品牌經典的挑逗感。

2004 年，速比濤出品的「鯊魚皮」泳衣
運動服製造商一向走在織品科技的尖端。澳洲泳裝品牌速比濤的「鯊魚皮」泳裝是利用仿生學（模擬自然生物的特性來設計）研發而成的，以求把水中阻力降至最小。

2010 年，「來自某處」與速比濤合作推出的裙裝｜主管游泳賽事的國際泳聯下達禁令後，速比濤公司出品，幫助游泳選手打破 91 項世界紀錄的最新發明鯊魚皮泳裝 LZR racer，從此不得再用於比賽。過剩的庫存面料在「來自某處」環保設計師的巧手改造下，變成限量推出的「泳裙」迷你系列，裙裝上還策略性地放了商標。原本可能淪為廢物的高科技織品，獲得了對環境最友善的解決方式。

反主流時尚

我進入時尚界的唯一理由，
是要摧毀其中的『一致性』。
少了這一點，一切就顯得無趣了。

—————————— 薇薇安‧魏斯伍德，摘錄自《臉》雜誌專訪，1981 年

1984 年，凱薩琳‧哈姆內特 Katharine Hamnett 和柴契爾夫人，摘錄自《臉》雜誌｜圖中為 1984 年設計師在唐寧街首相官邸受到柴契爾夫人接見，當天她穿著自己設計的 T 恤，上面印著抗議字眼，當面向首相陳情，反對美國在歐洲架設核子導彈。之後她持續在其他的議題上發聲，這些議題包括根除時尚界的種族主義、反戰和道德及環保議題。在 T 恤上印標語和口號，一直是透過衣著來發聲抗議和表達己見最靈活多變的方式之一。

1976 年，薇薇安・魏斯伍德設計的「撕裂國旗」T恤 | 來自「叛亂分子」系列的這件 T 恤，顯示出龐克運動的無政府本質和對抗性。不同於之前大多數次文化，龐克運動真正賦予女性與男性平起平坐的平等與自由，挑戰並顛覆了約定成俗的女性概念。

1977 年，薇薇安・魏斯伍德 | 圖中魏斯伍德和她的店員喬丹（左側那一位）身穿緄帶裝束、外套和用繫帶紮綁的褲子。在 1970 年代初期，薇薇安・魏斯伍德和她當時的夥伴麥坎・麥克羅倫 Malcolm McLaren，在國王路上經營了好幾家店面，販售從 1950 年代的叛逆小子 Teddy Boy，到搖滾客和施虐受虐的橡膠衣以及戀物癖穿著等形形色色風格的服飾。集這些元素之大成的「叛亂分子」系列於 1976 年推出，在他們同名的店鋪裡面世，這一系列的衣服成了龐克服飾的藍圖。

1977年，來自「概念性的別緻」Conceptual Chic系列的裙裝，桑德拉·羅德斯設計｜就像很多少數族群的穿著風格竄紅一樣，龐克風潮很快就被主流社會所吸納，設計師也紛紛推出帶有龐克元素的時裝。圖中桑德拉·羅德斯設計的這款裙裝，有著精心點綴的「撕裂」邊緣和鑲上閃光飾物的安全別針，預示著龐克的式微，因為這類服裝已淪為在週六午後吸引國王路上的遊客上門的花招。

1979年，在皮卡迪利圓環的龐克族｜龐克風潮可說是最後一個具有原汁原味的次文化現象了。此後，服飾再也沒有如此威力強大的震撼力，不管是身體穿洞、刺青、顛覆性的符號、怪異的妝容和染髮，如今都不足為奇，很少會讓人多瞧一眼，說來多虧龐克運動所開創的一條明路。

1980 年，倫敦的哥德族｜圖中這女孩佩戴著琳瑯滿目的手鐲、鍊條和珠寶，穿上層層疊疊的破舊衣裳，還有一頭染髮和一臉慘白的妝容，刻畫出龐克風和哥德風之間的關連與演變。

1980 年，在蝙蝠洞俱樂部的哥德族，倫敦｜哥德族喜歡聚集在蝙蝠洞俱樂部裡，蝙蝠洞是倫敦眾多地下俱樂部之一，在那裡可看到倫敦城裡活力盎然的青年文化，擁抱著由龐克風潮賦予新生的音樂與時尚。

2005 年，東京原宿地區的哥德族│次文化時尚在東京原宿地區已經演變成街頭的表演藝術。從 1960 年代晚期以後，這地區一直孕育著日本時尚，當今很多最著名的品牌，譬如「山本耀司」和「宛若男孩」，都是從那裡發跡。那裡的青少年將西方街頭風格和其他眾多影響元素混合在一起，形成獨有的個人風貌，譬如圖中這位頭上戴著羽飾的哥德少女。

1980年，葛麗絲·瓊斯 Grace Jones│變裝反串和雌雄莫辨是龐克、哥德和新浪漫風格的一個元素，在葛麗絲·瓊斯身上，這三種風格融合一氣。身為 1980 年代新浪潮女王，圖中的她頂著方正的平頭，身穿由三宅一生打造，有如第二層肌膚的矽膠製緊身上衣，充分表現出她揉合了陽剛與妖媚的個人魅力。

約1982年，薇薇安·魏斯伍德和她的團隊 | 身穿1982年春夏的「野性」系列，魏斯伍德、麥克羅倫和模特兒們在他們位於倫敦的「世界盡頭」店內合影。該系列多層次的穿戴和裝飾，呈現出他們典型的大膽前衛作風。纏裹式的裙裝，裙子罩在內搭褲外，襯衫下擺從短褲底下露出來，全都呈現有如馬諦斯風格的圖形和美國原住民的幾何圖案。過大的圓頂禮帽和部落的臉孔及身體彩繪搭得恰到好處。

1985年，艾曼達·哈萊克Amanda Harlech 詮釋的時裝風格，摘錄自《臉》雜誌 | 1980年代見證了新一代雜誌的誕生，挑戰了傳統亮光紙印的雜誌，這些新型雜誌包括《臉》、《i-D》、《Blitz》和《場域》。新型雜誌在時尚和音樂的評論之間穿插專題訪談，因而雜誌社聘請了很多造型師、攝影師、採訪記者和平面設計師，這些人日後都飛黃騰達。圖中整版廣告是由艾曼達·哈萊克演繹的時裝風格，艾曼達·哈萊克是約翰·加利亞諾以及後來卡爾·拉格斐的繆斯女神，她從市集小攤、年輕設計師和高檔時裝精品店裡搜獵服飾，混搭出兼容並蓄的現代風貌。

1984 年，名為蕾蒂的女孩照片，英國 | 拉斯特法理派 rastafarian 的長髮綹和寶瓶新時代運動頗有淵源：嬉皮演變成更廣為人知的「浪跡者」、護樹者和環保鬥士，生存在傳統社會邊緣，打造出他們獨有的彩虹襤褸衣 rainbow rags，標榜不拘一格的反時尚立場。

1988 年，瑞舞客，英國 | 在 1980 年代後半，分屬於不同次文化的年輕人共同愛上了迷幻浩室音樂，時常匯聚在非法的瑞舞舞池和俱樂部跳舞，他們狂歡作樂飄飄欲仙，通常是吸食迷幻藥的結果。螢光色的開心「笑臉」成了銳舞客的標誌，他們穿著寬鬆的牛仔褲和 T 恤掩人耳目。

**1990 年，「新世紀」春夏系列，由理法特·
沃斯別克 Rifat Ozbek 設計 |** 在土耳其
出生的理法特·沃斯別克，善於運用濃豔
鄂圖曼色彩的絲綢、塔夫綢和天鵝絨，將
異國情調融入都會洗練風格之中，因而走
紅整個 1980 年代。然而在 1990 年他推
出的全白「新世紀」系列，顯然借用了迷
幻浩室俱樂部的文化元素：圖中鑲嵌亮片
的胸罩式短上衣搭配短褲，加上連帽外
套 anoraks 和腰包 bum-bags，這一身打
扮很適合通宵達旦的瑞舞派對。

1992 年，電音女孩，義大利 | 隨著一些音
樂風格從迷幻浩室和瑞舞斷裂發展出去，
許多次文化也相伴而生，其中網路龐克
cyberpunks 和電音 technos 這兩種樂風
在歐洲格外熱門，樂迷喜歡把改造過的
工業廢棄品、抗輻射套裝、迷彩衣和螢
光管穿戴在身上，而類似的裝扮，在佛烈
茲·朗 Fritz Lang 執導的邪典電影《大都
會》Metropolis（1927 年上映）裡出現過。

1993 年，瑞舞客，英國奇幻節 | 圖中為參加威爾特郡奇幻節的銳舞客。他們身穿的粗棉工作褲、寬鬆的汗衫、鬆軟帽子和彩虹條紋手套，透露出銳

1994 年，凱特·摩絲在時裝秀的後台 | 時尚界對「纖瘦」的迷戀，以及時尚攝影偏好起用骨瘦如柴的模特兒，並在令人不安的破敗環境裡取景的新趨勢，引起了人們對所謂「病態美」的關注，以及美化毒品濫用的疑慮。儘管如此，整個二十世紀，西方時尚界始終崇尚「纖瘦」體態。

1993 年，超脫樂團 Nirvana 粉絲，德國
超脫樂團、珍珠果醬 Pearl Jam 和音速青春樂團 Sonic Youth 都是在 1990 年代初嶄露頭角且影響力十足的拓落風硬地搖滾樂團。樂迷喜歡把二手店買來的衣服和工作服（格絨襯衫和厚重的工廠靴）混搭在一起，大體上呈現一種不修邊幅的調調。

1993 年春夏系列，馬克·賈伯為裴瑞·艾里斯 Perry Ellis 設計的作品｜賈伯在 1993 年推出的「落拓風」系列，靈感來自西雅圖搖滾音樂場景，這系列確立了他擁有無可限量的街頭聲望，並深受年輕人認同的設計師地位，也為他帶來一群以酷出了名的死忠客戶，譬如電影導演兼好萊塢皇家蘇菲亞·柯波拉，但這也使得他和裴瑞·艾里斯分道揚鑣。

2009 年春夏系列，馬克·賈伯設計｜落拓風的格子背心上衣，邊緣飾有閃光紗，搭上層疊的金屬感條紋裙和寬腰帶，賈伯所設計的這一系列延續著他對街頭前衛風格的熱愛，同時也融入了世紀之交的美式風格。

2005 年，關·史蒂芬妮和原宿女孩 | 日本街頭風格向來透過關·史蒂芬妮這類的明星滲透到西方，圖中她與後援會合影，這些原宿女孩身穿從日本中學生制服改造的服裝，而日本中學生制服又源自十九世紀西方水手服。史蒂芬妮在 2005 年推出她的「原宿戀人」時裝系列。

2006 年，原宿「水果」 | 從 1970 年代末到 2000 年，原宿的大街是行人徒步區，那裡成了一座可供表演和展示的街頭伸展台，形形色色的風貌湧現原宿街頭和東京其他地區，數量何其之多，變化速度何其之快，實在很難加以劃分歸類。《Cutie》雜誌發明的卡哇伊 kawaii 一詞倒是可以概括形容：漂亮又可愛之中帶有大膽和獨立精神，就像圖中這幾位「水果」的打扮。

設計師風格：極簡主義

現代性緣起於此，它是個刪減的過程：
最少的縫線、最少的重量、最少的打理、最少的細節。
我想，極簡主義即是未來……

傑佛里·比尼接受葛麗絲·米拉貝拉 Grace Mirabella 專訪時這麼說
—————— 摘錄自《傑佛里·比尼無可限量》 *Geoffrey Beene Unbound*
1994 年出版

2011年，度假裝，菲比·菲羅 Phoebe Philo為賽琳 Céline 設計｜打從接任賽琳的創意總監以來，菲比·菲羅將都會的冷靜和精準的美感巧妙融為一氣。她近年來推出的系列深受讚賞，其中一些多年來始終是影響力深遠的重要作品。

1972年，珍‧慕爾 Jean Muir 設計的裙裝
當大部分的英國設計師都熱衷於浪漫夢
幻的設計，珍‧慕爾始終堅持她在1966
年自創品牌之後迅速打造出來的經典
低調風格。流暢的于雷爾針織衫 hurel
jersey，柔軟的皮革和柔色調的麂皮，尤
其是深藍色，因著在縫線兩側綴飾線跡
而更顯巧妙。

**1974年，羅倫‧赫頓 Lauren Hutton 穿
著卡文克萊設計的褲裝**｜經過1960年代
在紐約第七大道的磨練後，紐約客卡文
克萊以其善於運用中性色和奢華質料打
造低調優雅的時裝打出名號。圖中羅倫‧
赫頓身穿絲綢和喀什米爾羊毛混紡的開
襟衫，搭配 polo 衫和長褲，佩戴寶格麗
珠寶。

1973 年，豪斯頓設計的仿麂皮裙裝｜以女帽設計出身的羅伊·豪斯頓 Roy Halston，也擅長打造「儉乏的奢華」poverty de luxe 或昂貴的簡約。他那些耀眼奪目的客戶包括了賈桂琳·甘迺迪，她在總統就職典禮上戴的那頂平頂帽 pillbox hat 就是豪斯頓設計的。1972 年，他重新詮釋了經典的襯衫裙：採用可水洗又防皺的仿麂皮面料來裁製，一推出便成為紐約名流的衣櫥裡必備的經典款。

1980 年春夏系列，佩特·克里夫蘭 Pat Cleveland 身穿豪斯頓設計的作品｜豪斯頓設計的那些討人喜歡的衣著在以毒品助興的 54 俱樂部 Studio 54 舞池裡很受歡迎。信奉瀰漫整個 1970 年代紐約的享樂主義，過得紙醉金迷的豪斯登於 1990 年辭世，儘管如此，他的品牌在馬利歐·施瓦博 Marios Schwab 接手領導後，又展現出另一番新氣象。

1983年，夏綠蒂·蘭普林Charlotte Rampling 身穿喬治·亞曼尼服飾｜圖中女星夏綠蒂·蘭普林身穿由喬治·亞曼尼以鬆垮的剪裁方式裁製的套裝 soft-tailoring；從 1970 年代後期開始，喬治·亞曼尼把他製作男裝的精湛技藝運用到女裝設計，除了盡量讓服裝廓型變得柔軟，也採用會輕柔服貼身體的軟滑面料。作為全球最龐大的私有時尚品牌，亞曼尼集團旗下的眾多品牌涵蓋時尚和生活風格的所有層面，從高級時尚到內衣褲，乃至於巧克力。

1985年，阿澤丁·阿萊亞 Azzedine Alaïa｜突尼西亞出生的阿萊亞發明了猶如第二層肌膚的服裝（包括 1980 年原創的連身緊身衣，早了唐娜·凱倫五年），素有「緊身衣之王」king of cling 的封號，他擅長運用萊卡和皮革面料，以立體裁剪手法縫製突顯身材曲線的貼身服裝，而且服裝上通常會飾以鉚釘和拉鍊。

約**1985**年，紐約時尚，摘錄自美國版《風尚》雜誌｜黑色小洋裝是極簡主義風格時裝的極致代表：圖中這些作品，設計師左起至右為傑佛里·比尼、卡文克萊、奧斯卡·德拉倫塔 Oscar de la Renta 和賈姬·羅傑斯 Jackie Rogers，呈現了 1980 年代最亮眼奪目的晚裝。

1985 年，馬克‧賈伯設計的裙裝 | 圖中這件以星星為花色的裙裝，搭配不透明褲襪和平底踝靴，展現了馬克‧賈伯把隨性的街頭風格轉化成伸展台時尚的功力。從 1988 年起他在裴瑞‧艾里斯擔任首席設計師的生涯，因為 1993 年推出的「落拓風」系列畫下句點，即便該品牌路線主打青春和俏皮風格，也容不得他過於大膽駭俗的作風。

1997 年春夏系列，凱特‧摩絲身穿馬克‧賈伯設計的作品 | 圖中凱特‧摩絲身穿輕薄的雙層細肩帶裙裝，簡約至極，展現出賈伯肩負起為路易威登注入新意的重責大任之後，益發洗練的風格。他擔任路易威登藝術總監前後達十六年。

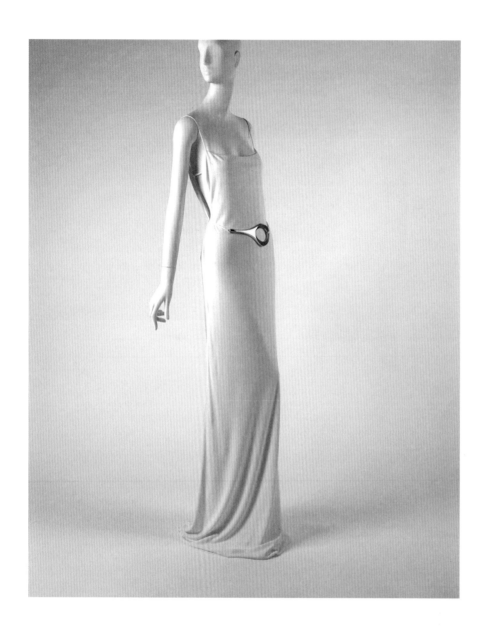

1996/7 年，湯姆·福特為迪奧設計的晚禮服 | 與他在 1990 年代大刀闊斧整頓的「古馳」品牌同樣耀眼奪目，湯姆·福特象徵了時尚設計師兼名流的角色，他才華洋溢的設計吸引廣大客群之餘，他個人的魅力也吸引大量媒體報導。繼承美國極簡主義的衣缽，他設計的時裝簡練中透著性感，經常是對 1970 年代的時尚風格致上敬意——如同圖中這一襲腰繫金環、袒胸露肩的純白針織裙裝。

1999 年秋冬系列，艾琳·奧康諾 Erin O'Connor 身穿赫爾穆特·朗 Helmut Lang 設計的作品 | 在 1990 年代，奧地利的赫爾穆特·朗在時尚圈內人心目中已然是教主的地位。他設計的服裝相當洗練簡約，時而具有未來感，往往讓人略感不安，但總是走在時代的前頭。圖中這套衣裝，包括一體成型的護頸枕，將皮革和黑色透明硬紗拼接在一起。赫爾穆特·朗在 2005 年退出時裝事業，目前致力於藝術創作。

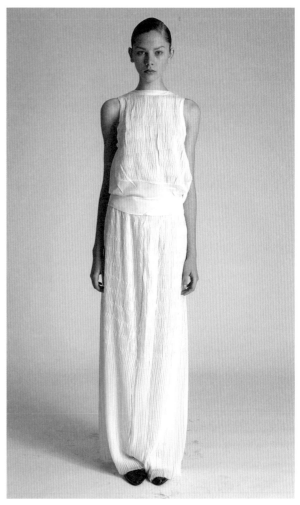

2010年春夏系列，亞曼尼 Armani Privé 推出的褲裝 | 亞曼尼品牌旗下的高級時裝系列 Armani Privé，在巴黎每年推出二次時裝秀，也是率先在2007年透過線上串流直播時裝秀的品牌。他在2010年推出的春夏系列，靈感來自月亮：閃著微光的金屬感布料，多處細部呈現新月形的剪裁，新月形的胸針有著畫龍點睛的效果。

2010年，卡文克萊設計的秋冬系列 | 儘管在兩性的設計師牛仔褲、內衣褲和香水市場上位居鰲頭長達一世代，卡文克萊在 2003 年以鉅額將公司出售。在巴西設計總監法蘭西斯可 Francisco Costa 的帶領下，依然是家喻戶曉的品牌。

2010 年，吉兒·珊德為優衣褲設計的外套 德國設計師吉兒·珊德的極簡風格，為 1990 年代以來運用極致奢華的面料進行精準剪裁的女裝立下了標竿。離開以她的名字命名的品牌後，她投向瑞夫·席蒙斯 Raf Simons 旗下，並與日本時裝零售企業優衣褲合作，將高品質製作的服飾傳送到大街上。

設計師風格：玩味色彩

瞧！誰說這裡只有顏色？也有濃淡明暗的差別！

———————— 黛安娜‧佛里蘭 Diana Vreeland 對米索尼品牌的評語，1969 年

1975 年，米索尼Missoni 品牌的針織服與織品 | 打從 1960 年代末開始，米索尼家族就把機器針織產品提升至新層次，展現出洗練細膩：奔放的幾何圖案，多半是把裝飾藝術風金字塔尖形圖紋和萬花筒般繽紛線條混合在一起，為過去被視為傳統手工藝的針織品注入了新意與活力。義大利很多製造業的藝匠取向，使得設計師和產業之間的關係格外密切。

1975 年，比爾·吉布設計的織品｜有著「混搭之王」美名，比爾·吉布與織品設計師凱菲·法瑟特 Kaffe Fassett 合作所設計的多層次穿搭針織衣，反映了 1970 年代的時裝流行起簡化的日本和服形廓。下一個十年期間，針織衣相當受大眾青睞。

1984 年秋冬系列，高田賢三 Kenzo 設計｜圖中格子裙和費爾島針織毛衣套在中式花紋的上衣和褲子外，再披上祕魯披肩、帽子和緹花長手套，展現出高田賢三 Kenzo Takada 在運用色彩、印花和圖紋上的天賦。在 1970 年，高田賢三是第一位在巴黎發表時裝的日本設計師，並在那裡開設名為「日本叢林」的精品店。雖然他活潑奔放的風格為高級時裝帶來一股歡欣的趣味，但是在 1980 年代和 1990 年代銷售成績並不理想。從 1993 年起，安東尼歐·馬拉斯 Antonio Marras 接下該品牌創意總監，持續注入新意。

1987 年，晚禮服，克利斯汀·拉克華設計
克利斯汀·拉克華大剌剌走奢華風格的設計，可說是 1980 年代時尚的縮影。他喜歡用繁複費工的飾物，而且偏好戲劇性的服裝廓形（小圓澎裙 puffball skirt 就是他首創），往往讓人想到他和普羅旺斯的淵源。圖中綴亮片的緊身上衣和「前澎」裙的晚禮服，顯示出拉克華活力奔放的風格以及在用色上爐火純青的功力（要把棕色和黑色搭配得如此出色並不容易）。拉克華在 1987 年開設的時裝屋，隨著時尚進入崇尚簡約的新時代，在財務上遭遇困難，儘管時裝屋持續營運下去，但已經改弦易主，不再由拉克華掌舵。

1991 年，吉安尼·凡賽斯和超模們 | 作為時尚工業經營得最成功的品牌之一，凡賽斯品牌於 1970 年代末在米蘭創立，以露骨地展現性感冶豔和財富著稱，其設計暴露、傲慢又招搖。然而凡賽斯的剪裁功力一流，在面料的使用上也勇於嘗試。吉安尼·凡賽斯於 1997 年遇刺身亡後，該品牌在妹妹唐娜特拉接掌之下，延續著原有的鮮明特色。吉安尼·凡賽斯和流行歌樂界與電影明星擁有好交情是出了名的，他的時裝發表會總能請到紅極一時的超模來助陣，包括圖中身穿鑲珠片連身褲的超模娜歐米·坎貝兒。

**1994 年秋冬成衣系列，羅密歐‧吉利 Ro-
meo Gigli 設計** | 羅密歐在 1983 年首度
推出他的時裝系列，並沒有追隨當時的時
尚潮流，反而是運用色彩豐富的天鵝絨、
刺繡、錦緞和絲綢等帶有復古和東方風
情的面料，打造柔軟浪漫的時裝風格。他
持續在米蘭推出個人的時裝系列。

**1994 年春夏系列，三宅一生設計的「飛
碟」裝** | 三宅一生設計的「飛碟」裝將盤
旋狀的鮮豔色帶扭轉成趣味十足的變形
輪廓，這是三宅一生的作品長久以來的
主題。布料在身體上或與身體共同打造
出來的形廓，也可以在「一生褶」（Issey
Pleats，1989 年春夏推出）和「褶之愉」
（Pleats Please，1994 年春夏推出）時裝
系列裡看到。

1997 年秋冬成衣系列，索妮雅‧瑞琪兒 Sonia Rykiel 設計的單品 | 有著「針織女王」美名的索妮雅‧瑞琪兒於 1968 年在巴黎左岸開設精品店，販賣以黑色和彩色條紋相間，具現代感又易於穿著的招牌特色單品。該品牌至今依舊是家族企業，不斷延續著把創新元素融入當代女性的日常穿著的品牌精神。

1998 年春夏成衣系列，「向芙烈達‧卡蘿 Frida Kahlo 致敬」系列，尚‧保羅‧高提耶設計 | 素來被稱為時尚「頑童」的尚‧保羅‧高提耶，花了好幾年的時間才擺脫掉這個老掉牙的綽號。他的設計叛經離道，打破了很多時尚的藩籬，譬如讓男人穿上裙子、內衣外穿，以及起用黑人模特兒。廣泛的靈感來源兼收並蓄，造就了他服裝設計的特色，其中「向芙烈達‧卡蘿致敬」系列裡色彩濃烈的墨西哥風情服飾，始終是一則指標性的時尚宣言。

2005 年秋冬高級時裝系列，約翰·加利亞諾為迪奧設計的作品 | 華奢、戲劇化、浪漫、懷舊和頹廢等字眼不足以形容約翰·加利亞諾的作品，他的創作靈感來自廣泛深遠的歷史研究，以及旅居世界各地涉獵龐雜。把鮮豔的色彩運用得篤定自信向來是他的標記特色，從圖中這襲融合了迪奧新風貌與祕魯安地斯高山風情的裙裝可見一斑。

2009 年秋冬高級時裝系列，約翰·加利亞諾為迪奧設計的作品 | 加利亞諾的時裝系列總是主題鮮明，圖中這一襲裙裝是從克利斯汀·迪奧籌備某一場時裝秀的老照片得到靈感。新風貌的沉靜色彩被換成了紫羅蘭色、淡紫、桃紅、螢光黃和豹紋，並加上了深藍、黑色和膚色的緊身褡和內衣 underpinnings。

2006 年春夏成衣系列，德賴斯・范諾頓 Dries Van Noten 設計 | 把從部落織品得到靈感的印花與圖案老練地並置在一起，譬如柔滑的伊卡染織絲綢 ikats、精緻的蠟染、織上中國菊花圖樣的錦緞、粗橫稜紋織物 ottoman stripes 和非洲防蝕蠟繡花，向來是德賴斯・范諾頓的作品標誌，微妙的色彩組合裡偶爾會插入一抹金色或一截豹紋。著眼於圖案與色彩而非剪裁的設計，使得他和諸如安・迪穆拉米斯特 Ann Demeulemeester 等所謂的「安特衛普六君子」Antwerp six 大相逕庭，儘管他近年的時裝系列傾向於使用柔色調的實用布料。

2008 年秋冬系列，薄荷設計 Mintdesigns 出品 | 在名為「垃圾、爛泥與閃光」trash, slush and flash 的系列作品裡，古怪多變的日本設計二人組「薄荷設計」，以碎紙條頭飾配上有印花圖樣的塑膠外套，下身搭著搶眼的黑白針織褲和有圖案的招牌長襪。他們靠著實驗精神完成了從蛋糕裝飾到概念性街頭藝術等很多計畫。

2008 年秋冬系列，普拉達設計 | 從 1978 年接掌家族企業開始，繆西亞·普拉達 Miuccia Prada 以其知性的風格造就了義大利時裝業最可敬的品牌之一。她在用色方面非同凡響，圖中裸色與橘色的組合可見她功力深厚，為了求新圖變，她將常在質疑並省思何謂好品味與壞品味。

2009 年春夏系列，曼尼什·阿若拉設計的外套 | 印度設計師曼尼什·阿若拉以馬戲團為靈感來源，設計了色彩狂野的時裝系列。儘管設計主題多為西方概念，但是他採用的工藝技法，一概是他的母國裡仍舊普遍可見的傳統手工藝。1997 年創立自己的品牌後，他常在倫敦和巴黎發表時裝，贏得印度最佳設計師的美名之外，同時也晉身全球設計師行列。2011 年二月，他接任帕可·拉巴納時裝屋的創意總監。

2010 年春夏系列，亞歷山大·麥昆設計的裙裝 | 在亞歷山大·麥昆推出的「柏拉圖的亞特蘭提斯」系列作品裡，每一件稜角分明的服裝都採用個別加工的數位印花圖案，圖中這一件是最受青睞的作品，其特色是採用了形形色色爬蟲類動物身上，從藍綠色到青色與褐色等特有的色澤，搭配上十二吋高的「犰狳」鞋。

設計師風格：概念主義

我一直努力在做，而且我大概已經做到的，
是做出看似存在了很長遠一段時間的衣服。
實際上這樣的衣服並不存在。
我無意創造時尚美學，我從生活取材來打造風格，
不是為風格而風格。

——————————— 三宅一生，1984 年

2010 年，「132 5.」系列作品，三宅一生
傳統的和服可以整個攤平，這是三宅一
生經常在鑽研的一個特色。他的「132 5.」
系列作品是利用電腦設計出立體造型，
但可以巧妙地摺疊成平面的多邊形，衣料
用的是可回收的環保塑料或高分子聚合
物（PET），這多邊形一經拉開穿上身後，
就會變成立體的衣服廓形。

1982 年，川久保玲 Rei Kawakubo 為「宛若男孩」設計的毛衣和裙子 | 川久保玲和山本耀司 1981 年分別在巴黎舉辦首次時裝發表會，兩人初試啼聲便在時裝界投下自 1947 年迪奧推出「新風貌」以來最劇烈的震撼彈。「後廣島時代的時髦」Post-Hiroshima chic 和「乞丐裝」bag lady look 很快成為時尚圈內人的必備款。日本文化對於不規則和缺陷美有一份偏愛，就像圖中川久保玲設計的這一件蘊含解構意圖的毛衣上的挖空或者說「蕾絲」設計。

1983 年春夏系列，山本耀司設計 | 1982 年川久保玲和山本耀司在巴黎登場的第二次時裝發表會，證明了時尚也可以來自非西方的文化。圖中山本耀司設計的這一襲白色純棉挖花鏤空三件式，表達了他的創作理念：「我覺得完美無瑕很醜陋……我想看傷疤、破敗、混亂、扭曲。」

1985 年春夏系列，三宅一生的廣告，摘錄自《臉》雜誌｜在衣服和身體之間打造出空間，是三宅一生早年投入時裝設計時的重點。他秉持的概念是，以多層次布料寬鬆地包覆身材，比讓曲線畢露的緊身衣服要更迷人。三宅一生以布料為出發點，先有布料，再行發想創意，例如圖中的「一塊布」（A-POC）系列，在這一體成型的圓筒狀針織布料上，穿著者可以用剪刀沿著布上的虛線剪成一件完整的衣服。

1997 年春夏系列，川久保玲為「宛若男孩」設計的服裝｜圖中為川久保玲推出的「衣服變身體，身體變衣服」系列，或又叫「腫塊」（更普遍的說法）系列，穿上它肯定很轟動。為了希望以腦袋取勝而不是以身材取勝的女性設計服裝，打從「宛若男孩」在 1973 年成立以來，她不斷質疑和顛覆關於女性美的既有概念。

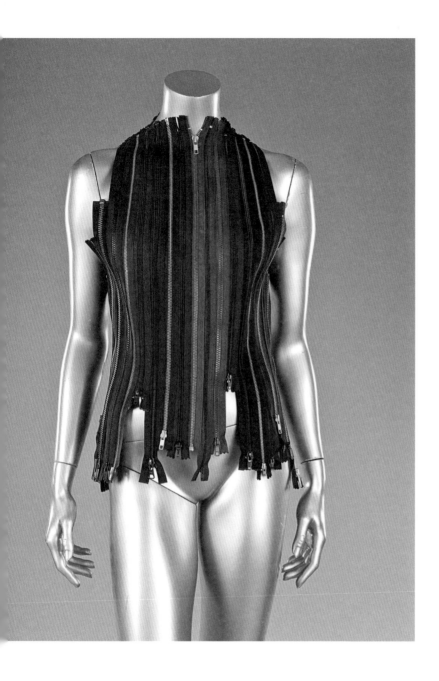

1997年春夏系列，馬丁·馬吉拉時裝屋 Maison Martin Margiela 設計｜ 1988 年在巴黎創立的馬丁·馬吉拉時裝屋，以其解構主義風格和過大的衣服出名，他把面目難辨的模特兒送上伸展台的作風也是時尚話題。他經常回收古董舊衣，改造成新裝，藉此呈現時裝的歷史美感，也從製作高級時裝的工具和過程取材，就像圖中這件裙裝，模擬別在裁縫師的木偶人身上的布塊，玩味著理念相對於實體、無生命的形體相對於有活力的模特兒的概念。

約2000年，拉鍊衣，馬丁·馬吉拉時裝屋設計｜ 如今已退出以他名字命名的時裝屋，馬丁·馬吉拉卻反諷地成為全球最知名的比利時設計師，雖說也是最神祕莫測的一位。他鮮少露面，總是隱身在設計團隊之後，就像該品牌空白的或僅有數目字的標籤、座落在偏僻街道內沒有招牌柱的店鋪，以及總選在最不可能辦發表會的荒蕪地點舉辦的低調作風。經常利用回收的二手材料來製衣也是該品牌的特色，譬如圖中這件把拉鍊巧妙拼接而成的上衣。

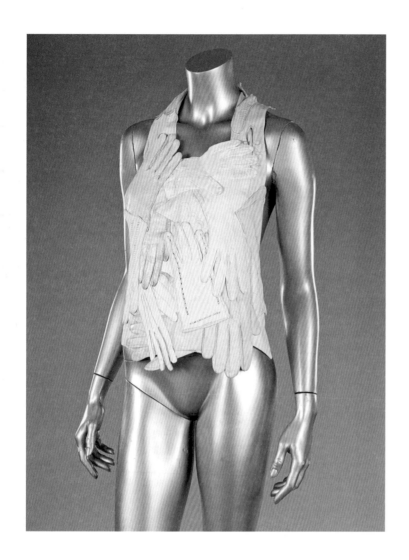

2001 年，手套衣，馬丁·馬吉拉時裝屋設計｜圖中這件肩背裸露的上衣，是以白色小山羊手套相互交疊縫製而成。這類「工藝性質濃厚」的衣服索價不斐，反映出時裝工業勞力密集的本質，然而對於強調永續設計的必要，馬丁·馬吉拉也走在時代前頭。

2005 年秋冬系列，安·迪穆拉米斯特設計的服裝｜被稱為的「安特衛普六君子」之一，並在 1980 年代末躍上倫敦時裝舞台，安·迪穆拉米斯特以解構主義風格的裁製手法（沒有縫邊和露出線頭）和褲裝剪裁的高超功力博得讚譽。她的設計總偏向中性化，但也因為綴有皮草和蕾絲而顯得柔和，她操刀的作品幾乎清一色是黑色。

背頁
2001 年春夏系列，候塞因·卡拉揚推出的「腹語術」系列｜在交響樂團的現場演奏聲中，卡拉揚打造的銀翼殺手風格的模特兒，在一列列 LED 燈所匯聚的遁點之前表演。在發表會的最後，三名模特兒分別拿錘子把一旁的分身身上棉花糖製的玻璃裝給砸碎。作為概念縝密的前衛設計師，卡拉揚曾把 LED 燈嵌進衣服裡或裝在衣服上，或用航空工程的流體原理來設計衣服，他也設計出可以當家具的衣服，或折疊後可以放入信封裡以航空郵寄的衣服。

1999 年春夏系列，亞歷山大‧麥昆設計
圖中莎隆‧哈露 Shalom Harlow 扮演垂
死的天鵝，兩側從飛雅特公司商借來的
機器人對著她噴顏料，這是麥昆最壯觀
的一場發表會高潮的一幕。從英格蘭「蹂
躪」蘇格蘭高地（1995 年推出的系列）到
達爾文以及和環境汙染（2009 年推出的
系列）等大量主題汲取靈感，他推出的時
裝系列總是充滿爭議，有時還令人不安。
猶如奇觀的時裝秀雖然招來僅僅是搞噱
頭的批評，然而他設計的時裝工藝精湛
而且熱賣，足證他的能耐。

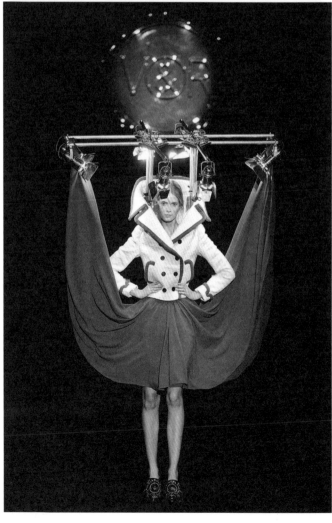

2002/3 年秋冬系列，「維克托和羅夫」設計的「非物質萬歲」Long Live the Immaterial｜荷蘭設計二人組維克托和羅夫天生具有概念設計的才賦：從1998 年首度推出時裝系列起，他們涉獵的題材相當廣泛，而且往往是超現實的概念，從原子彈到宇宙黑洞都有。圖中，為了「非物質萬歲」系列，他們使用藍幕科技，將都市與大自然的景色投射到他們的服裝上。

2007/8 年秋冬系列，「維克托和羅夫」設計｜靈感來自荷蘭民間傳說的這個系列作品，每一件服裝自成一場獨立的時裝秀，各自附有吊在支架上的燈光與音響設備。維克托和羅夫這兩位時裝界的表演藝術家，持續以怪誕而令人驚豔的方式發表設計作品。

2008/9 年秋冬系列，渡邊淳彌為「宛若男孩」設計的外套 | 被稱為「科技派女裝設計師」的渡邊淳彌從 1984 年起在「宛若男孩」擔任助手，漸漸嶄露頭角，自 1993 年開始推出與自己同名的時裝線，但仍隸屬「宛若男孩」。更值得一提的是，他也是一位出色的織品技師，不管是把質地鬆脆的聚脂纖維折成大量的蜂巢狀褶襉，或者就像圖中這件外套，他師法瑪德蓮·薇歐奈的服裝線條，以爐火純青的抓皺功力，讓圍裹身體布料呈現具流動感的衣紋。

2009/10 年春夏系列，川久保玲為「宛若男孩」推出的「奇境」系列 | 川久保玲概念先行的創作，包括了她設計的服裝以及由前衛設計師設計的衣鋪，始終展現品牌精神，確保「宛若男孩」持續受注目。在命名為「奇境」的系列作品裡，設計特色包含了毛毯式大衣和裙子，配上多層堆疊的實用短外套、內搭褲和覆蓋全身的膚色薄紗，連模特兒的臉部也被裹住。

2010 年秋冬系列，山本耀司設計的外套和裙子 | 山本耀司的衣服都是以傳統的西方版型為基礎，然而在圖中的雙排扣外套和百褶裙，他帶入了深植於日本文化裡的細膩與內斂。對他來說，黑色代表武士精神，此外，就像川久保玲曾說她「用濃淡不同的各種黑色來設計」，山本耀司的作品也以黑色居多。

設計師風格：復古

有一種方式可以讓生活帶有幾許優雅。

那不是不斷的追逐新穎的事物，

而是細細品味過往的一切……如此一來，

生活裡有種浪漫，事物蘊含著持久的美……

———————————— 羅夫‧羅蘭，Polo 衫的廣告文案，1984 年

2005/6 年秋冬系列，艾琳‧歐康諾身穿約翰‧加利亞諾為迪奧設計的時裝 | 該系列時裝召喚著克利斯汀‧迪奧的精神，就像加利亞諾在 1997 年為迪奧設計的第一季作品。從「克利斯汀‧迪奧的母親」到「新風貌」等形形色色的懷舊主題汲取靈感，約翰加利亞諾這一系列作品除了歌頌高級時裝及其製程之外，也展現了他旺盛的創造力。

1992 年春夏系列，理法特·沃茲別克 Rifat Ozbek 設計的外套 | 歷史古裝是理法特·沃茲別克取之不竭的靈感泉源，他在 1992 年推出最具指標性的服裝，就是圖中這一件軍裝式外套，開襟處鑲嵌著骨形飾物，令人聯想到十九世紀北美印第安人穿到的雜混西方元素的傳統服飾。

1993 年春夏系列，「朵伽和加巴納」設計 從1980 年代起，義大利設計二人組多明尼哥·朵伽 Domenico Dolce 和史帝法諾·加巴納 Stefano Gabbana 持續地回顧歷史尋找靈感，不管是從他們本國的歷史和電影或次文化穿著，並以幽默和揶揄的方式將各種元素雜糅在一起。圖中他們於 1993 年推出的時裝，在文藝復興意象中融入拼布工藝、荷葉邊帽和長長珠串，重新演繹嬉皮風格。

1996 年春夏系列，薇薇安·魏斯伍德設計的法式禮服 sack-back dress | 圖中是薇薇安所詮釋的十八世紀法式禮服，屬於她的「女人」系列之一，身穿這襲禮服的是名模琳達·伊凡吉麗絲塔 Linda Evangelista。薇薇安·魏斯伍德一直是當代最具爆發力與原創力的時尚設計師之一，打從 1980 年代起，她的知性取向和服裝史方面的鑽研持續體現在她的作品裡。她設計的服裝極具個人特色，既散發一股氣勢又十足性感。

1988年春夏系列，瑪格麗特·霍威爾 Margaret Howell 設計的單品 | 瑪格麗特·霍威爾在 1970 年代開始創業時是以縫製男性襯衫起家，之後事業蒸蒸日上，並創立了全球最受矚目的英國品牌之一。高品質布料和高超工藝使得她的服裝散發著一種持久經典的格調。圖中，在英國塞薩克斯郡海邊的模特兒，身穿蕾絲領的純白愛爾蘭亞麻襯衫，配上寬管的亞麻長褲和繫帶的馬丁大夫鞋。

2009 年秋冬系列，瑪格麗特·霍威爾設計的套裝 | 圖中英式精紡毛料套裝、細條紋絲棉混紡襯衫、灰色襪子和平底牛津鞋，概括了霍威爾將英國男裝的要素表現在女人身上的當代風格。牛角扣外套 dufflecoat、厚呢短大衣 peacoat、防水外套 mackintoshe、樂福鞋和馬鞍包在她的店鋪都有販售，在她店裡也可以找到具有當代美感的復古家居服和現代家居服。

1998 年秋冬系列，保羅·史密斯女裝推出的晚禮服 | 以製作男裝成名，同時也是當今事業做得最成功的英國設計師保羅·史密斯，在 1994 年推出女裝系列。他那些古怪、原創和戲謔的點子，來源廣泛又龐雜；他喜歡以詼諧、「義賣氣氛」的調性重新詮釋融入現代感的復古風，就像圖中這件印有俗麗的玫瑰花圖案的睡袍式晚禮服。

2008 年春夏系列，保羅·史密斯女裝推出的單品 | 圖中模特兒莉莉·寇兒 Lily Cole 身穿二十世紀初期風格的法蘭絨運動外套，搭配橫條紋橄欖球衣和窄管褲，帶著牛角圓框眼鏡。從這套充滿幽默感的男裝風格女裝，可看出設計師在裁縫方面有著深厚的造詣。

2010 年，亞歷山大‧麥昆設計的禮服｜鑲飾著拜占庭式寶石、亮片和豐碩金線刺繡，珠光寶氣的面料，以及泛著曖曖金光的羽飾天使之翼，令人聯想到十五世紀的祭壇裝飾；麥昆生前最終系列的十六件服飾儘管裝飾奢華奪目，但掩不住這位世上最具原創力、無所畏懼的鬼才設計師繁複的立體剪裁功力。

1991 年秋冬成衣系列，卡爾．拉格斐為香奈兒推出的單品 | 自從 1983 年成為香奈兒首席設計師以來，卡爾．拉格斐不斷地重新演繹香奈兒精神，為該品牌注入新時代活力，使得他的聲譽如日中天。圖中可以看見很多年輕女性鍾愛的香奈兒元素：招牌的斜紋軟呢外套、領口上的絲綢蝴蝶結、金屬鍊帶，以及模特兒克莉絲汀．麥克梅奈蜜 Kristen McMenamy 頭髮上的山茶花飾。不過卡爾．拉格斐為這些經典元素添上了明亮色彩，而且配上一條鑲飾著金飾物的古典款牛仔褲。

2010 年秋冬成衣系列，卡爾．拉格斐為香奈兒設計的套裝 | 在香奈兒掌舵將近三十年之後，拉格斐嘗試把丹寧布、皮革、斜紋軟呢以及編入假皮草和銀蔥的針織布混合在一起，並且把香奈兒經典的開襟羊毛外套長度拉長，下擺形成撐腰樣式，而且配上香奈兒招牌的雙色鞋。這場秀的舞台用進口的小冰山造景，營造成冬日裡的奇幻之境。

2010 年春夏系列，羅夫·羅蘭設計的套裝 | 羅夫·羅蘭非常成功地把想像中的過往歲月重現出來，精確掌握到根植於集體記憶中泛著玫瑰色的懷舊情愫。從美國中西部大草原到英國的狩獵場，其中最核心、最迷人的所有元素都被凝縮在他的設計裡，就像圖中這一套 1930 年代風格的套裝，搭配的硬領襯衫、印有圖案的領帶和送報童帽，均為大蕭條年代添上浪漫光暈。

2011 年春夏系列，羅夫·羅蘭的設計 | 仍以牧場風情為發想，這一季作品羅夫·羅蘭把維多利亞風格帶入女牛仔的瀟灑裡，設計了圖中這款鑲蕾絲邊的碎格棉布裙裝，搭配蕾絲圍巾、皮褲和有牛頭圖案的西部皮帶扣。

2007 年，維多利亞・貝克漢拎著「柏金」包｜愛馬仕出品的「柏金」包（以女星珍柏金命名，最初就是為她設計的），女人最渴慕的一款包包，排進候補名單也要等上六年之久。根據媒體報導，維多利亞・貝克漢擁有超過 100 只「柏金包」，總價值高達 150 萬英鎊。

2010 年春夏系列，模特兒在博柏利 Burberry Prorsum 新品發表會後台｜從一次大戰期間為軍人設計以功能性軋別丁布料做的軍用風衣，到啟用超模和明星代言的亮彩廣告，博柏利在克里斯多佛・貝利 Christopher Bailey 自 2001 年起擔任品牌創意總監以來，蛻變成摩登時髦的超級品牌。其經典的風衣──如今有各種顏色可選，而且還有皮革質料的──連同全球都認得的格紋圖樣，始終是這個英國奢華品牌的代表圖騰，在擅長媒體操作的貝利安排下，其新品發表會也同步在網路上以立體視效串流直播。

2010 年，路易威登的展示櫃 | 以皮革製品和配件成名的路易威登品牌，創建於十九世紀中葉，百餘年來已發展成奢華精品業翹楚，它由字母組成的商標可以說是舉世皆知。儘管馬克‧賈伯也為該品牌設計出風格內斂的成衣系列，卻不如他與史蒂芬‧斯普勞斯 Stephen Sprouse 這樣的藝術家聯手推出的塗鴉手提包那樣熱銷。

1995 年秋冬系列，凱特·摩絲身穿湯姆·福特為古馳設計的作品 | 湯姆·福特在 1980 年代後期進入古馳工作，在 1994 年出任該品牌的創意總監。他在 1995 年秋冬季推出的系列作品，以天鵝絨和絲緞面料重現 1970 年代風華，成功地為原本死氣沉沉的品牌注入新的生機。此後湯姆·福特為古馳開啟最輝煌的歲月，不管是他本人還是該品牌都享有無以倫比的聲望。湯姆·福特在 2004 年離開古馳。

2004 年秋冬系列，湯姆·福特為古馳設計的外套 | 在福特主持之下，古馳與時尚魅力畫上等號，從圖中模特兒披著紅紫色狐皮草，配上同色調的墨鏡打扮可見一斑。離開古馳後，湯姆·福特創立一個走奢華路線的男裝品牌，不過他更為人知的動向，說不定是他在 2009 年執導的電影《摯愛無盡》，在片中他重現了 1960 年代洛杉磯的風格與氛圍。

2010 年早春系列，尼可拉斯·蓋斯基耶 Nicolas Ghesquière 為巴黎世家設計的作品 | 圖中模特兒身穿緊身褲配上 1970 年代風格窄版嵌花皮夾克。曾在尚·保羅·高提耶麾下受訓的尼可拉斯·蓋斯基耶，在 1997 年入主巴黎世家，肩負改造的大任，從此他不斷在「大師」經典建構風格裡注入了現代感，果然讓巴黎世家重回當年地位。

2009/10 年秋冬成衣系列，里卡多·提西 Riccardo Tisci 為「紀梵希」推出的作品 從賈桂琳·甘迺迪到瑪麗亞·卡拉絲等曾為世上最具指標性的女人打理服裝的修伯特·紀梵希，在 1995 年從與他同名的品牌隱退。在經歷了約翰·加利亞諾、亞歷山大·麥昆和朱利安·麥克唐納 Julien Macdonald 等人之後，里卡多·提西在 2004 年接下創意總監一職，他以精湛手藝和精緻高雅的風格聞名。

時尚與名流

我好想打扮得跟妳在《第凡內早餐》的造型一樣，
所以我綁了兩條馬尾，買了一副大墨鏡，
盡可能模仿「妳」的穿著。
我甚至為了戴墨鏡不惜遭學校勒令停學。

—————————— 雪兒寫給奧黛麗·赫本的信，摘錄自《奧黛麗·赫本》
1998 年，貝瑞·巴利斯 Barry Paris 著

**1961 年，奧黛麗·赫本在《第凡內早餐》
的劇照**｜奧黛麗·赫本重新定義了 1950
年代理想的女性美。她纖瘦、男孩子氣
的身材和深褐色頭髮，和過去所崇尚金
髮尤物完全不同。她隨即成為時尚偶像，
其平易近人的模樣被數百萬女性爭相仿
效，就算只是戴上一副大墨鏡也好。她在
電影裡扮演的許多角色，包括《第凡內早
餐》裡的荷莉·葛萊特莉一角，都是由紀
梵希打理服裝。圖中她穿的黑色晚禮服，
是紀梵希為這電影設計的三套晚禮服之
一，在 2006 年拍賣會上以將近 50 萬英
鎊售出。

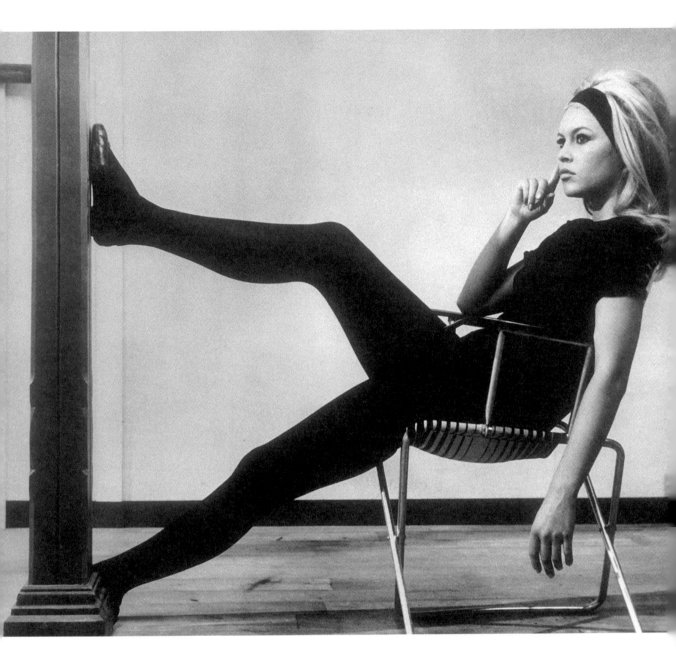

1962 年，碧姬芭杜 | 碧姬芭杜逆反世俗的生活方式反映在她不循常規的穿著風格上，她偏愛牛仔褲、鬆垮的套衫和簡單的碎格裙裝，而且喜歡打赤腳。她和電影明星給人的一般印象完全不同，總是頂著一頭蓬亂頭髮，畫著濃濃煙燻眼妝，看起來就像剛起床，不像梳妝過。

1995 年秋冬成衣系列，凱特・摩絲身穿卡爾・拉格斐為香奈兒設計的作品 | 摩絲依碧姬芭杜給人的印象穿戴，她身上那件香奈兒開襟羊毛衫很可能是 1960 年代的古董衣。走下伸展台後，摩絲的個人風格常常讓人想到碧姬芭杜，她也同樣具有高度影響力。2007 年，凱特・摩絲憑藉自己的高人氣，與零售業大亨飛利浦・葛林，英國快時尚品牌 Topshop 的業主，攜手合作，推出聯名系列，合作關係維持到 2010 年，前後共三年。

1961年，身穿歐列格·卡西尼 Oleg Cassini 作品的一群「賈姬分身」│賈姬·甘迺迪將個人形象塑造成美式優雅的典範。儘管她偏愛「紀梵希」和「巴黎世家」等歐洲時裝品牌，但她也深知扶持美國本土設計人才的重要，於是她聘請歐列格·卡西尼為專屬設計師。圖中以「賈姬風格」打扮的模特兒身穿卡西尼設計的簡潔套裝，頭上戴著賈姬招牌的平頂帽。

1965年，李·羅茲維爾 Lee Radziwill 和賈姬·甘迺迪在倫敦│整個 1960 年代，賈姬和她的妹妹李·羅茲維爾一直名列世上最有衣著品味的人。在第一任丈夫的喪禮上，賈姬身穿紀梵希操刀的喪服，在1968 年下嫁亞里斯多德·歐納西斯時，她身穿范倫鐵諾設計的婚紗；儘管如此，她的衣飾傳奇裡最令人印象深刻的是她鍾愛的墨鏡款式。據說賈姬家前門內玄關處就擺了一大籃子賈姬式墨鏡。

1983 年，南西·雷根身穿詹姆斯·哥勒諾斯 James Galanos 設計的晚禮服 | 雷根執政的「鍍金年代」的一大特色，是到處舉辦華奢鋪張的社交派對，明目張膽地炫富和炫耀性消費。南西·雷根熱愛設計師服飾，她的華服裝滿了白宮裡的十二座雙門衣櫥。她鍾愛的設計師包括比爾·布拉斯 Bill Blass、阿道夫 Adolfo、奧斯卡·德拉倫塔 Oscar de la Renta 和加州人詹姆斯·哥勒諾斯，圖中她身上的這襲晚禮服就是詹姆斯·哥勒諾斯操刀。

2011 年，蜜雪兒·歐巴馬身穿亞歷山大·麥昆出品的晚禮服 | 蜜雪兒·歐巴馬在衣著的選擇上則顯現出強烈的主見，往往會選擇沒那麼有名的國際品牌，譬如渡邊淳彌。圖中，在宴請中國總理的一場晚宴上，她身穿莎拉·波頓 Sarah Burton 在亞歷山大·麥昆推出的一款鮮橘紅色的禮服，事後在面對批評聲浪時她說，女人有權選擇自己喜歡的衣服。

前頁
1981 年，威爾斯王妃黛安娜｜圖中黛安娜王妃身穿伊莉莎白和大衛·艾曼紐設計的婚紗，塔夫綢和蕾絲的組合呈現出童話般的甜蜜，二十五呎長的曳地裙裾營造出未經世事的大家閨秀飛上枝頭變鳳凰令人難忘的一幕。嫁入皇室之後，她成了鎂光燈焦點，她的穿著打扮始終是頭條話題。

1995 年，黛安娜王妃，身穿凡賽斯設計的套裝 | 在婚姻破裂並於 1996 年離婚之前，威爾斯王妃黛安娜始終不遺餘力提拔倫敦的本土設計師，譬如凱瑟琳·沃克 Catherine Walker、布魯斯·歐德菲爾 Bruce Oldfield 和克莉絲蒂娜·史坦柏利安 Christina Stambolian。離婚後她在服飾上的選擇更國際化，凡賽斯即是她最喜愛的品牌，圖中她身穿的粉紅色套裝就是凡賽斯的設計。1997 年參加完凡賽斯葬禮的兩個月後，她也在一場車禍中香消玉殞。

2011 年，凱薩琳·密道頓步入西敏寺大教堂 | 凱薩琳·密道頓的婚紗，是由如今已是亞歷山大·麥昆的首席設計師莎拉·波頓操刀，散發出浪漫又優雅的氣息。象牙白緞面鑲著手工製的繡花蕾絲，背面的立體剪裁添加了幾許現代感。皇冠是女王出借的，包含西洋石竹的簡約捧花讓整個景象更顯迷人。

1984年，瑪丹娜在MTV頒獎典禮上 | 瑪丹娜躍升為超級巨星，和1981年開播的MTV頻道經營得有聲有色有著密切關係。隨著音樂錄影帶在電視頻道播放，流行樂手的能見度大增。瑪丹娜剛出道時，穿著打扮呈現犀利的街頭風格，常見的元素包括蕾絲、網眼布、俗氣的珠寶和漂染的頭髮，就像她在電影《神祕約會》（1985年上映）裡的造型。

1990年，瑪丹娜身穿尚·保羅·高提耶為她「金髮雄心」世界巡迴演唱會設計的服裝 | 到了1990年代，瑪丹娜在舞台上的表演內容與服裝造型都開始百無禁忌，她喜歡把情色融入哥德意象裡。在「金髮雄心」巡迴演唱會上，她穿上尚·保羅·高提耶為她設計的粉紅色緞面錐形胸罩馬甲，而內衣外穿一直是高提耶作品裡經常會出現的主題。

1985年，芭比娃娃和肯尼身穿尚·保羅·高提耶的設計作品 | 名流有各型各色，芭比娃娃也是其一。自從她在1959年面世以來始終是耀眼的明星，在她漫長的事業生涯裡，她總是流行時尚的指標，也是美的典範。很多設計師為她打理過服裝，尚·保羅·高堤耶就是其一，圖中他為芭比穿上黃綠色抓皺天鵝絨裙裝，胸前有尖錐形的胸罩，頭戴毛球帽，而她的男友肯尼則穿上跨越性別的裙套裝。

1952 年，瑪麗蓮・夢露，美國 | 原初的廣告文案是：「繼珍・哈露這頭一位金髮尤物之後，在好萊塢出現的火辣甜心就是光采四射的夢露。無論是穿上馬鈴薯麻袋（如圖所示）、輕薄的夏裝，或領口深開的長袍，她始終散發著性感魅力令人心神蕩漾，簡直就像施魔法一樣。」

1992 年春夏系列，辛蒂克勞馥身穿朵伽和加巴納設計的「麻袋裝」 | 到了 1990年代，多明尼哥・朵伽和史帝法諾・加巴納成功地把兩人共同創立的時裝事業打造成義大利領導品牌。他們在 1992 年推出的春夏系列「甜蜜生活」La Dolce Vita，以費里尼在 1960 年拍攝的同名電影為靈感，而且請來一群超級名模來走秀。圖中，辛蒂克勞馥身穿印有挑逗字眼的裙裝，其發想來自瑪麗蓮・夢露身穿馬鈴薯布袋裝的照片（左圖）。

1994 年，伊莉莎白‧赫莉身穿凡賽斯設計的禮服 | 最了解名人加持效果的設計師，就屬吉安尼‧凡賽斯。當伊莉莎白‧赫莉和她當時的男友休葛蘭連袂出席電影《妳是我今生的新娘》首映會，凡賽斯出借了一襲驚豔迷人的晚禮服，這件深 V 禮服幾乎只以兩側的安全別針繫合。這不但使得伊莉莎白‧赫莉擠身名流之路更形穩固，媒體報導的效益對設計師本人來說更是無價。

2008 年，麥莉‧希拉 Miley Cyrus 身穿范倫鐵諾設計的禮服 | 「走紅地毯」如今是時尚大事，不管是音樂、電影和電視的頒獎典禮，設計師無不把握這大好機會，將他們最華麗別緻的禮服展現在風采熠熠的明星身上。范倫鐵諾一向最受明星青睞，尤其是他招牌的「范倫鐵諾紅」。

2007年，演員穿《廣告狂人》的戲服 |《廣告狂人》是美國電視台於 2007 年推出的電視劇，描述 1960 年代紐約廣告業步入全盛的風華年代，上演後廣受好評。劇組在選角時，刻意挑選容貌自然，沒經過整型的演員，服裝造型上更是經過仔細考究，以求忠實反映該年代的風格。這部電視劇收視長紅，帶動了一系列的產品熱銷，其中包括「布魯克斯兄弟」Brooks Brothers 西裝、指甲油，也使得某個仿戲服樣式的成衣網站爆紅。

2010 年秋冬系列，繆西亞‧普拉達設計的外套 | 繆西亞‧普拉達在 2010 年秋冬推出的作品裡，從蜂窩式髮型到翼稍狀眼鏡，處處洋溢著復古的 1960 年代風情。她招牌的凌亂格紋印花，出現在 A 字型剪裁的簡約裙裝和外套上，略微上升的腰線突顯出女性的柔美線條。

2007 年，莎拉·潔西卡·派克身穿薇薇安·魏斯伍德設計的婚紗，飾演電影版《慾望城市》凱莉一角｜電視劇《慾望城市》（1998 年開播）劇中人物的衣飾風格，成了年輕一代女性的流行指南，從「凱莉」項鍊到夢幻逸品「馬諾洛·布拉尼克」Manolo Blahnik 鞋，無不炙手可熱。該劇的服裝造型總監，是名氣響亮的派翠西亞·菲爾德 Patricia Field，她目前擁有自己的時裝公司，主打設計師作品和街頭時尚。圖中，在電影版《慾望城市》裡，凱莉身穿薇薇安·魏斯伍德設計的婚紗，被逃婚的男人拋棄在禮壇前。

2010 年，女神卡卡身穿尼可拉·弗米切第 Nicola Formichetti 的作品｜造型百變的女神卡卡史蒂芬妮·傑曼諾塔向來衣不驚人死不休，走紅地毯時除了怪異誇張的打扮，她也穿高級訂製服，從亞曼尼到亞歷山大·麥昆都有。圖中，在全英音樂獎頒獎典禮上，她身穿專屬造型師尼可拉·弗米切第所設計的作品，尼可拉近來接任蒂埃里·穆勒時裝屋的創意總監。據小道消息指出，女神卡卡將和尼可拉入主之後的蒂埃里·穆勒推出聯名系列。

致謝

獻給 Glen

　　本書的規模龐然，有時還真讓人望而怯步；能夠圓滿成書，多虧很多人協助。

　　感謝 Laurence King 的團隊，尤其是 Laurence 的滿腔熱忱，以及 Helen Rochester 和 Melissa Danny，他們是思慮周到與耐性的典範。Heather Vicker 身為圖片研究員令人鼓舞的支援和始終如一的專注彌足珍貴，Jennifer Jeffrie 在初始階段的協助也是。這本書能夠如此優美雅緻，David Tanguy 及其在 Praline 的團隊居功厥偉。

　　感謝時裝博物館（Fashion Museum）的 Rosemary Harden、Elaine Uttley 和 Vivien Hynes；徹特西博物館（Chertsey Museum）的 Grace Evans、Valerie Cumming 和 Veronica Isaac；京都服飾文化研究院（The Kyoto Costume Institute）的 Rie Nii；肯辛頓宮（Kensington Palace）的 Deirdre Murphy；倫敦博物館（The Museum of London）的 Beatrice Behlen；布萊頓美術館（Brighton Museum）的 Martin Pel；里茲大學藝術典藏館（University of Leeds Art Collection）的 Layla Bloom；香奈兒學院（Conservatoire Chanel）的 Marie Hamelin；薩爾瓦多·費洛加蒙博物館（Museo Salvatore Ferragamo）的 Francesca Piani；馬利丘博物館（Maryhill Museum）的 Betty Long-Schleif；帕莫／普萊奇出版社（Palmer/Pletsch Publishing）的 Patti Palmer；Elisabetta Seeber；凱利·泰勒拍賣行（Kerry Taylor Auctions）的 Kerry Taylor 和 Kate Mitchell；斯特普頓典藏館（The Stapleton Collection）的 Philip Debay 和 Liz Debay；哈利·費恩典藏館（Harry Fane）的 Emily Barneby；Elizabeth Finkelstein；Will Whipple 和「來自某處」（From Somewhere）團隊；還有 Andrew Macpherson、Donna Dumari、Venetia Scott、Richard Craig 和 Margaret Howell、Noel B. Chapman、Rose Hepworth 和 Tony Hepworth、Mary Grimsditch、Jackson Trinder、Bonnie Blackman 和 Ophelia Blackman。

　　我的家人和朋友的支持也是無價的，我懷著衷心的感謝把這本書獻給他們。我也要把這本書獻給啟迪我的母校，中央聖馬丁藝術與設計學院，首先我要對 Alistair O'Neill 致上最誠摯的謝意，他是時裝史與理論的資深研究員兼課程主任，他的慷慨與友情，使得與他共事令人愉快。我也要感謝中央聖馬丁博物館與檔案室（the CSM Museum & Archive）的 Judy Lindsay，以及 Caroline Evans 教授、Louise Wilson 教授、Hywel Davies、Steve Hill 還有其他很多為這本書貢獻心力的同仁和學生。

　　從表面上來說，時尚關乎影像，而影像會喚起情緒反應：這些影像的選擇與分類是很主觀的一件事，而且一定會有爭議，我希望我挑選的這些圖片能夠令醉心於時尚的人感到悸動、神迷、歡欣和有趣，而醉心時尚的人，如王爾德所言，畢竟就是我們大多數人。

圖片出處

本書收錄的所有圖片，均力求載明版權所有者，倘有任何遺漏或差誤，出版社樂意於本書再版時添補適當的說明。

6 The Ernestine Carter Collection / The Fashion Museum, Bath & North East Somerset Council **10** Photo by Paul Boyer / Mansell / Time Life Pictures / Getty Images **12** Photo by General Photographic Agency / Getty Images **13** Photo by Eugene Robert Richee / Getty Images **14** © the Olive Matthews Collection, Chertsey Museum / Photograph by John Chase **15** Courtesy of Maryhill Museum of Art **18** © Bettmann / Corbis **20 left** Photo by W. & D. Downey / Getty Images **20 right** Photo by Time Life Pictures / Mansell / Time Life Pictures / Getty Images **21** Photograph © The State Hermitage Museum / photo by Vladimir Terebenin, Leonard Kheifets, Yuri Molodkovets **22** The Museum and Study Collection, Central Saint Martin's College of Art and Design **23 left** National Trust Photographic Library / John Hammond / The Bridgeman Art Library **23 right** Hulton Archive / Getty Images **24** The Museum and Study Collection, Central Saint Martin's College of Art and Design **25** Fashion Museum, Bath and North East Somerset Council / The Bridgeman Art Library **26** © V&A Images **27** Photo by Popperfoto / Getty Images **28** Photo by Topical Press Agency / Getty Images **29** Private Collection **30** © Matthew Polak / Sygma / Corbis **31** Private Collection **32** The Art Archive / Kharbine-Tapabor **33** The Art Archive / Kharbine-Tapabor / Collection IM **34 left** © V&A Images **34 right** The Museum and Study Collection, Central Saint Martin's College of Art and Design **35** The Museum and Study Collection, Central Saint Martin's College of Art and Design **36** Photo by Branger / Roger Viollet / Getty Images **37** © The Philadelphia Museum of Art / Scala **38** Photo by Muriel Straithmore / Topical Press Agency / Getty Images **39** The Art Archive / Kharbine-Tapabor **40 left** Photo by Hulton Archive / Getty Images **40 right** Portrait of Rita de Acosta Lydig, 1911 (oil on canvas), Boldini, Giovanni (1842-1931) / Private Collection / Photo © Christie's Images / The Bridgeman Art Library **41 top and bottom** © The Metropolitan Museum of Art / Art Resource New York / Scala, Florence **42** © The Gallery Collection / Corbis **43** The Advertising Archives **44** Photo by Imagno / Getty Images **46** The Museum and Study Collection, Central Saint Martins College of Art and Design **47** Photo by Transcendental Graphics / Getty Images **48** © V&A Images **49** Photo by Hulton Archive / Getty Images **50 left and right** Photo by Imagno / Getty Images **51** Photo by Imagno / Getty Images **52 left** The Tate Archive **52 right** University of Leeds Art Collection, Gift of Stanley Burton, 1965 **53** Photo by Hulton Archive / Getty Images **54-55** The Art Archive / Kharbine-Tapabor **56** Collection of the Kyoto Costume Institute, photo by Takashi Hatakeyama **57** Photo by Hulton Archive / Getty Images **58** Photo by Henri Manuel (Apic / Getty Images) **59** The Museum and Study Collection, Central Saint Martin's College of Art and Design **60** The Art Archive / Kharbine-Tapabor / Collection IM **61** Photo by Lipnitzki / Roger Viollet / Getty Images **62** © Mary Evans Picture Library 2008 **63** © V&A Images **64** Courtesy Elisabeeta Seeber **65** The Kobal Collection / Istituto Luce **66** © Photo Scala, Florence **67** Private Collection **68** © Oliver Krato dpa / lnw **69** © V&A Images **70** © Museum of London **72** © Bettmann / Corbis **73** © Museum of the City of New York, USA / The Bridgeman Art Library **74-75** Fashion Museum, Bath and North East Somerset Council / The Bridgeman Art Library **76 left** The Art Archive / Kharbine-Tapabor **76 right** © Clifton R. Adams / National Geographic Society / Corbis **77** Photo by Topical Press Agency / Getty Images **78 top** Imperial War Museum **78 bottom** Imperial War Museum **79 top** Photo by FPG / Hulton Archive / Getty Images **79 bottom** © Corbis **80 top** The Art Archive / Kharbine-Tapabor **80 bottom** Photo by Topical Press Agency / Getty Images **81** Private Collection **82** © DaZo Vintage Stock Photos / Images.com / Corbis **83** © Mary Evans Picture Library 2010 **84** The Advertising Archives **85** © the Olive Matthews Collection, Chertsey Museum / Photograph by John Chase **86** © the Olive Matthews Collection, Chertsey Museum / Photograph by John Chase **87** Photo by Keystone / Getty Images **88-89** Private Collection **90** © Hulton-Deutsch Collection / Corbis **92** Photo by SSPL / Getty Images **93 top** Photo by Hulton Archive / Getty Images **93 bottom** Photo by H F Davis / Getty Images **94** Photo by Topical Press Agency / Getty Images **95** The Stapleton Collection **96** Photo by Topical Press Agency / Getty Images **97** Photo by Imagno / Getty Images **98** Photo by SSPL / Getty Images **99** Private Collection **100** © V&A Images **101** © ullsteinbild / TopFoto **102** © Bettmann / Corbis **103** Private Collection **104** © Condé Nast Archive / Corbis **105** Photo by Archive Photos / Getty Images **106** Private Collection **107** © Bettmann / Corbis **108** Photo by Bob Thomas / Popperfoto / Getty Images **109** © Corbis **110** Private Collection **111** Photo by Kirby / Hulton Archive / Getty Images **112** © Julio Donoso / Sygma / Corbis **114** The Stapleton Collection **115** Photo Roger Viollet / Getty Images **116** © the Olive Matthews Collection, Chertsey Museum / Photograph by John Chase **117** © The Metropolitan Museum of Art / Art Resource / Scala, Florence **118** Photo by Apic / Getty Images **119** © Condé Nast Archive / Corbis **120** Victoria & Albert Museum, London, UK / The Bridgeman Art Library **121** © The Metropolitan Museum of Art / Art Resource / Scala, Florence **122** Private Collection **123** © The Metropolitan Museum of Art / Art Resource / Scala, Forence **124** Photo by Time Life Pictures / Pictures Inc. / Time Life Pictures / Getty Images **125** © V&A Images **126** Courtesy CHANEL / © Man Ray Trust / ADAGP Paris 2011 **127 left** Courtesy of Verdura Inc **127 right** Photo by Michael Ochs Archives

國家圖書館出版品預行編目CIP資料

時尚百年風華 / 凱莉 . 布萊克曼 (Cally Blackman) 著；廖婉如譯 .
-- 二版 . -- 臺北市：馬可孛羅文化出版：
英屬蓋曼群島商家庭傳媒股份有限公司城邦分公司發行, 2022.02
面；　公分 . -- (ACT；MA0036X)
譯自：100 Years of Fashion
ISBN 978-986-0767-63-6(平裝)
1. 時尚 2. 歷史 3. 二十世紀
541.8509　　110021306

【Act】MA0036X

時尚百年風華（2022 新版）
100 Years of Fashion

作　　　者　凱莉・布萊克曼（Cally Blackman）
譯　　　者　廖婉如
封 面 設 計　張　巖
總　編　輯　郭寶秀
責 任 編 輯　力宏勳
行 銷 企 劃　許芷瑀

發　行　人　涂玉雲
出　　版　馬可孛羅文化
　　　　　　10483 台北市中山區民生東路二段 141 號 5 樓
　　　　　　電話：(886)2-25007696
發　　行　英屬蓋曼群島商家庭傳媒股份有限公司城邦分公司
　　　　　　10483 台北市中山區民生東路二段 141 號 11 樓
　　　　　　客服服務專線：(886)2-25007718；25007719
　　　　　　24 小時傳真專線：(886)2-25001990; 25001991
　　　　　　服務時間：週一至週五 9:00 ～ 12:00；13:00 ～ 17:00
　　　　　　劃撥帳號：19863813　戶名：書虫股份有限公司
　　　　　　讀者服務信箱：service@readingclub.com.tw
香港發行所　城邦（香港）出版集團有限公司
　　　　　　香港灣仔駱克道 193 號東超商業中心 1 樓
　　　　　　電話：(852) 25086231　傳真：(852) 25789337
　　　　　　E-mail：hkcite@biznetvigator.com
馬新發行所　（馬新）出版集團【Cite (M) Sdn. Bhd.(458372U)】
　　　　　　41, Jalan Radin Anum, Bandar Baru Seri Petaling,
　　　　　　57000 Kuala Lumpur, Malaysia
　　　　　　電話：(603)90578822　傳真：(603)90576622
　　　　　　E-mail：services@cite.com.my
輸 出 印 刷　前進彩藝有限公司
二 版 一 刷　2022 年 2 月
定　　價　1200 元